भारत दर्शन

एक ट्रेनी आई.ए.एस. के भारत भ्रमण की यादें

अनबाउंड स्क्रिप्ट का उपक्रम

भारत दर्शन : निशान्त जैन

प्रथम संस्करण : जनवरी, 2025

ISBN : 978-93-48497-19-2

प्रकाशक : अनबाउंड स्क्रिप्ट
2/41, अंसारी रोड,
दरियागंज, दिल्ली - 110002
वेबसाइट : **www.unboundscript.com**
ई-मेल : **books@unboundscript.com**
फोन नं. : **011-35807601**

BHARAT DARSHAN
Written *by* Nishant Jain

मुद्रक : विकास कंप्यूटर एंड प्रिंटर्स,
लोनी गाज़ियाबाद, उत्तर प्रदेश

मूल्य : ₹ 149/-

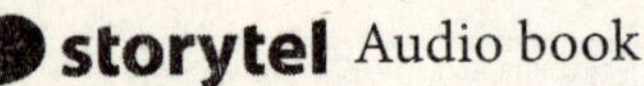

भारत दर्शन

एक ट्रेनी आई.ए.एस. के भारत भ्रमण की यादें

निशान्त जैन

अनुक्रम

अपनी बात

देश की सबसे प्रतिष्ठित सेवा माने वाली भारतीय प्रशासनिक सेवा यानी कि आईएएस बनने का सपना हर साल लाखों युवा देखते हैं, लेकिन उनमें से महज़ सैकड़ों का ही यह सपना परवान चढ़ पाता है। अपनी कड़ी मेहनत के दम पर जब कोई युवा सिविल सेवा परीक्षा में चयनित होकर अपने मसूरी स्थित सपनों की मंज़िल लाल बहादुर शास्त्री राष्ट्रीय प्रशासन अकादमी (LBSNAA) पहुँचता है, तो बेशक उसकी ख़ुशी का कोई ठिकाना नहीं रहता। वहीं देश के भविष्य की कमान अपने कंधों पर सँभालने की ट्रेनिंग कर रहे इन लोकसेवकों को बदलते वक़्त की चुनौतियों के लिये तैयार करना अकादमी के लिये भी कम चुनौतीपूर्ण नहीं होता होगा। यही वजह है कि LBSNAA ने सिविल सेवा अधिकारियों के अपने पाठ्यक्रम में क्लासरूम में होने वाली पढ़ाई के साथ प्रैक्टिकल ट्रेनिंग को भी ख़ासी जगह दी है। प्रशिक्षु आईएएस अधिकारी जहाँ अपने शुरुआती कुछ महीने अकादमी के क्लासरूम में बिताते हुए प्रशासन की बारीकियाँ समझते हैं। वहीं ज़्यादा ठंड के महीनों में उन्हें अपने असली कार्यक्षेत्र यानी कि भारत के तमाम राज्यों में अनुभव हासिल करने हेतु भेजा जाता है।

इस 'विंटर स्टडी टूर' के नाम से जानी जाने वाली इस प्रैक्टिकल ट्रेनिंग को सामान्य भाषा में भारत दर्शन कहा जाता है। लेकिन सही मायनों में यह भारत दर्शन आपको अपने देश के मिज़ाज से रूबरू कराता है, तो देश के अलग-अलग हिस्सों में रहने वाले इसके नागरिकों के भी नज़दीक ले जाता है। इस दौरान आप जाने अनजाने में इतिहास, भूगोल, अर्थशास्त्र,

समाजशास्त्र से लेकर प्रशासन तक के न जाने कितने सबक़ सीखते हैं। उदाहरण के तौर पर विभिन्न ऐतिहासिक स्थलों पर जाकर आपको अपने गौरवशाली इतिहास का भान होता है, तो नदी, जंगल, पहाड़, रेगिस्तान और समुद्र से रूबरू होते हुए आपको अपने देश की भौगोलिक विविधता का पता लगता है। विभिन्न राज्यों के अलग-अलग वर्गों के नागरिकों से मिलना आपको जहाँ समाजशास्त्र के ऐसे सबक़ सिखाता है, जो शायद ही किसी किताब में आपने पढ़े हों। देश के चोटी के विभिन्न उपक्रमों में अटैचमेंट के दौरान उनके बारे में जानना आपको उनके अर्थशास्त्र से भी रूबरू कराता है, वहीं इस दौरान विभिन्न राज्यों के प्रशासनिक अधिकारियों का निर्देशन आपको प्रशासन की गहराइयों से रूबरू कराता है।

यह कहना ग़लत नहीं होगा कि यह भारत दर्शन का दो महीने का अनुभव आपको काफ़ी हद तक बदल देता है। भले ही अकादमी से निकलते वक़्त हममें से ज़्यादातर लोगों को यह विंटर स्टडी टूर किसी लम्बी यात्रा की तरह लग रहा था। अपने देश के इतने लंबे टूर पर कोई सामान्य इंसान तो शायद ही कभी निकलता होगा। लेकिन वापस लौटकर मुझे बख़ूबी समझ आ गया कि इसका नाम ट्रैवल टूर की जगह स्टडी टूर क्यों रखा गया। इस दौरान हासिल किये अपने अनुभवों को इस पुस्तक के माध्यम से आप तक पहुँचाने की कोशिश मैंने की है। उम्मीद है कि एक प्रशासनिक अधिकारी की दृष्टि से अपने देश के बारे में जानना आपको एक अलग अनुभव देगा।

भाग - क

कैसे होती है आईएएस ऑफ़िसर की ट्रेनिंग

इस देश की सबसे कठिन और सबसे प्रतिष्ठित मानी जाने वाली परीक्षा UPSC का चार्म युवाओं में आज भी बरक़रार है। भारत के पहले गृह मंत्री सरदार पटेल सिविल सेवाओं को भारत का 'स्टील फ्रेम' कहा करते थे। उनका मानना था कि अगर आज़ाद भारत को एक सूत्र में पिरोना है, तो उसके लिये हर ज़िले में एक IAS ज़िला कलक्टर (DM) और IPS पुलिस अधीक्षक (SP) का होना ज़रूरी है। उन्होंने एक बार कहा था, "हम एक अखंड भारत का निर्माण नहीं कर सकते, अगर हमारे पास एक ऐसी ऑल इंडिया सर्विस नहीं है, जो अपने विचार खुलकर रख सके।"

हर साल जब UPSC के एग्ज़ाम का रिज़ल्ट आता है तो हम अख़बार में कुछ ऐसी ख़बरें भी पढ़ते हैं कि एक ऑटो रिक्शा ड्राईवर की बेटी IAS ऑफ़िसर बन गई या एक पेट्रोल पम्प पर काम करने वाले सेल्समैन का बेटा टॉप कर गया। ऐसा इसलिये होता है कि UPSC का एग्ज़ाम कोई भी युवा दे सकता है, चाहे उसने किसी भी स्ट्रीम में ग्रेजुएशन किया हो। यह एक ओपन एग्ज़ाम है, जिसे इंग्लिश और हिंदी सहित भारत की 22 भाषाओं में से किसी भी भाषा में दिया जा सकता है। ख़ास बात यह भी है, कि आज तक UPSC पर कोई गड़बड़ी या पक्षपात का आरोप नहीं लगा है।

यहाँ ये समझना भी ज़रूरी है कि आज़ादी के पहले की भारतीय सिविल सेवा - ICS ही बाद में भारतीय प्रशासनिक सेवा - IAS बनी। इसे इस तरह समझें कि भारत में 3 तरह की सिविल सेवाएँ हैं-

ऑल इंडिया सर्विसेज़ - इनमें IAS, IPS और IFS (वन सेवा) शामिल हैं। इनका सेलेक्शन UPSC करती है, ट्रेनिंग भारत सरकार करती है, पर ये किसी एक स्टेट कैडर में काम करते हैं।

सेंट्रल सर्विसेज़ - ये अधिकारी भारत सरकार के मंत्रालयों और डिपार्टमेंट्स में काम करते हैं- जैसे; IFS (विदेश सेवा), IRS, IIS, रेलवे सर्विस, पोस्टल सर्विस आदि। उनका चयन भी UPSC करती है।

स्टेट सर्विसेज़ - इनका चयन उस राज्य का लोक सेवा आयोग करता है और ये अपने राज्य में ही सेवा करते हैं।

हाल ही में, 'Aspirants' के नाम से एक वेब सीरीज़ आई, जिसे लोगों ने काफ़ी पसंद किया। इसमें कुछ दोस्तों की ज़िंदगी को दिखाया गया है, जो UPSC की तैयारी कर रहे हैं। अगर हम इन सब सर्विसेज़ में अमूमन एस्पिरेंट्स की पहली चॉइस यानी IAS की बात करें, तो हर कोई ये जानना चाहता है कि IAS की ट्रेनिंग कैसे होती है और उसमें क्या-क्या सिखाया जाता है। IAS की ट्रेनिंग एकेडमी कही जाने वाले लाल बहादुर शास्त्री राष्ट्रीय प्रशासन अकादमी LBSNAA मसूरी में स्थित है, जहाँ पहुँचने का सपना देश के लाखों-करोड़ों स्टूडेंट्स के मन में होता है। यह सपना इतना स्ट्राँग होता है कि इन दिनों UPSC पास करने वाले ज़्यादातर युवा देश के टॉप इंस्टीट्यूट्स से इंजीनियर, डॉक्टर, सी.ए., लॉयर आदि प्रोफ़ेशनल डिग्री प्राप्त होते हैं।

आइए, जानते हैं कि आख़िर एक UPSC एस्पिरेंट को सेलेक्शन के बाद ट्रेनिंग में ऐसा क्या सिखाया जाता है, कि वह अपनी सर्विस के शुरुआती सालों में एक पूरे डिस्ट्रिक्ट और बाद के सालों में एक पूरी मिनिस्ट्री या डिपार्टमेंट को सम्भाल पाता है। एकेडमी में ट्रेनिंग की शुरुआत लगभग 3 महीने के फ़ाउंडेशन कोर्स से होती है। इस दौरान UPSC से सिलेक्टेड सभी सिविल सर्वेंट शामिल होते हैं, जिनमें IAS, IFS, IPS, IRS आदि सभी शामिल होते हैं। इस कोर्स में कुछ बेसिक एडमिनिस्ट्रेटिव स्किल सिखाए जाते हैं, जिन्हें जानना हर सिविल सेवा अधिकारी के लिये ज़रूरी है।

अगर मैं अपनी बात करूँ, तो मैं एक छोटे शहर के हिन्दी मीडियम स्कूल से निकलकर, दिल्ली यूनिवर्सिटी से होते हुए, दो-तीन नौकरियाँ करने के बाद UPSC से चुनकर एकेडमी पहुँचा। मज़े की बात यह थी कि अभी तक डे-स्कॉलर रहने के कारण LBSNAA एकेडमी मेरे लिये पहला हॉस्टल भी थी। मसूरी के सुंदर कैंपस में एक साथ साढ़े तीन सौ बैचमेट्स के साथ ट्रेनिंग जॉइन करना मेरे लिये एक नया और दिलचस्प अनुभव था। एकेडमी में पहुँचते ही उसके आदर्श वाक्य (शीलं परम भूषणम्) से सामना हुआ। इसका अर्थ है- आपका चरित्र ही आपका सबसे बड़ा गुण है। इसके तुरंत बाद आई.ए.एस. का आदर्श वाक्य लिखा था-'योग: कर्मसु कौशलम्'। गीता के इस सूत्र का मतलब है- कर्म में कुशलता ही योग है। और अंदर जाने पर LBSNAA का मोटो लिखा था। शायद यही उद्देश्य लोक सेवक का उद्देश्य होना चाहिए- यह है- पिछड़े और वंचित व्यक्ति की सेवा।

एकेडमी में मालूम पड़ा कि हममें से हर कोई अलग राज्य, अलग भाषा, संस्कृति और अलग सोशल-इकोनोमिक बैकग्राउंड से था। एकेडमी की लाइफ़ इतनी ज़्यादा बिज़ी थी कि मैं शुरुआत में अपने घर वालों से भी फ़ोन पर बात नहीं कर पाता था। सुबह-सुबह फ़िज़िकल एक्टिविटी, उसके बाद दिन भर क्लास, देश के जाने-माने एक्सपर्ट्स को सुनना, ग्रुप डिस्कशन, प्रेजेंटेशन, एक्स्ट्रा करिकुलर एक्टिविटी, समाज-सेवा; पूरा दिन कब बीत जाता, पता ही नहीं चलता। फ़ाउंडेशन कोर्स की क्लासेज़ मोटे तौर पर पाँच विषयों; पब्लिक एडमिनिट्रेशन, लॉ, मैनेजमेंट, राजनीतिक व्यवस्था और इकोनोमिक्स के बारे में होती है।

इस दौरान कुछ बहुत ख़ास एक्टिविटीज़ कराई जाती हैं। मेंटल और फ़िज़िकल स्ट्रेंथ के लिये हिमालय में कठिन ट्रेकिंग उनमें से एक है। यह हर ट्रेनी के लिये ज़रूरी होता है। एक और एक्टिविटी है- इंडिया डे। इस दिन

सभी ऑफ़िसर्स को अपने-अपने राज्य की संस्कृति को डिस्प्ले करना होता है, चाहे वो पहनावा हो या लोक नृत्य या फिर खान-पान। पूरा देश और इसकी संस्कृति साकार हो जाती है और ऑफ़िसर्स अपने देश की 'विविधता में एकता' को और गहराई से समझ पाते हैं। सबसे ख़ास एक्टिविटी है- विलेज विज़िट। इस दौरान ऑफ़िसर्स को देश के किसी सुदूर पिछड़े गाँव में जाकर रहना होता है और गाँव की ज़िंदगी के हर पहलू को बहुत बारीकी से समझना होता है। मुझे हिमाचल के मंडी ज़िले के सुदूर गाँव चुराग में रहने का मौक़ा मिला था। इस पहाड़ी गाँव के सीधे-सादे लोग, उनकी सिंपल सी लाइफ़, उनके अनुभव और उनकी समस्याओं को महसूस करना एक कभी न भूल सकने वाला अनुभव था। गाँव के स्कूल, अस्पताल, पंचायत, राशन की दुकान सबक़े काम करने के सिस्टम को गहराई से ऑब्जर्व करना और गाँव से लोगों से उनकी प्रैक्टिकल समस्याओं को जानना, एक फ़र्स्ट हैंड एक्सपीरियंस था। मेरे जैसे और भी कई लोग थे, जिन्होंने ज़िंदगी में पहली बार क़रीब से गाँव-देहात की ज़िंदगी को महसूस किया था।

फ़ाउंडेशन कोर्स ख़त्म होने के बाद IAS को छोड़कर बाक़ी सारी सिविल सेवाएँ अपनी आगे की ट्रेनिंग के लिये अपनी-अपनी एकेडमी में चली जाती हैं और LBSNAA में सिर्फ़ IAS ट्रेनी ऑफ़िसर्स रह जाते हैं। इसके बाद IAS की प्रोफ़ेशनल ट्रेनिंग शुरू होती है। इसमें एडमिस्ट्रेशन और गवर्नेंस के हर सेक्टर पर मोड्यूल होते हैं। इस दौरान; एजुकेशन, हेल्थ, एनर्जी, एग्रीकल्चर, इंडस्ट्री, रूरल डेवलपमेंट, पंचायती राज, अर्बन डेवलपमेंट, सोशल सेक्टर, वन, क़ानून-व्यवस्था, महिला एवं बाल विकास, ट्राइबल डेवलपमेंट जैसे सेक्टर्स पर देश के जाने-माने एक्सपर्ट और सीनियर ब्यूरोक्रेट क्लास लेने आते हैं। एक बेहद दिलचस्प बात, जो यहाँ बताना ज़रूरी है - इन सब चीज़ों के अलावा, एक बहुत ख़ास चीज़ यहाँ सिखाई जाती है वह है, उस राज्य की

भाषा, जो आपको ज़िंदगी भर की सर्विस के लिये अलॉट किया गया है। अगर एक यू.पी. के निवासी ऑफ़िसर को तमिलनाडु कैडर अलॉट हुआ है, तो उसे एकेडमी में बाक़ी विषयों के साथ तमिल भाषा सिखाई जाती है। इसी तरह अगर किसी कर्नाटक के ऑफ़िसर को आसाम मिला है, तो उसके लिये असमिया भाषा सीखना कंपलसरी है। मेरे मामले में मेरे होम स्टेट यू.पी. और मुझे अलॉट हुए कैडर राजस्थान दोनों की ही भाषा हिन्दी है, इसलिये मुझे प्रशासनिक हिन्दी सिखाई गई।

मैं आज भी जब अपने साउथ इंडिया के निवासी बैचमेट्स से बात करता हूँ, जो बिहार या झारखंड में कलेक्टर बन गये हैं, तो मैं देखता हूँ कि वे मुझसे भी बढ़िया ढंग से हिन्दी बोल और लिख रहे होते हैं, वो भी उसी स्टेट के अन्दाज़ में। बात भी ठीक है, एक डी.एम. से मिलने दिन में सैकड़ों लोग अपनी समस्याएँ लेकर आते हैं, जिनसे उन्हीं की भाषा में संवाद किये बिना न तो आप उनकी दिक़्क़तें सुलझा सकते हैं और ना ही आप उनका विश्वास जीत सकते हैं। प्रोफ़ेशनल ट्रेनिंग का एक बेहद अनूठा और दिलचस्प हिस्सा है - विंटर स्टडी टूर, जो 'भारत दर्शन' के नाम से ज़्यादा मशहूर है। करीब दो महीने के विंटर स्टडी टूर के बाद फिर से एकेडमी में पढ़ाई होती है। प्रोफ़ेशनल ट्रेनिंग की पढ़ाई के बाद एग्ज़ाम होता है। एक साल की एकेडमिक ट्रेनिंग और फिर एक साल की फ़ील्ड ट्रेनिंग पूरी करने के बाद ट्रेनीज़ को JNU द्वारा पब्लिक मैनेजमेंट में मास्टर्स को डिग्री दी जाती है।

एकेडमिक ट्रेनिंग के बाद आप निकल पड़ते हैं एक साल की ऑन जॉब प्रैक्टिकल ट्रेनिंग के लिये एक नये राज्य की ओर, जहाँ शायद आप ज़िंदगी में पहली बार जा रहे होते हैं। इसी स्टेट में आपको अपनी ज़िंदगी के ज़्यादातर साल बिताने होते हैं। मुझे राजस्थान में सेवा करने का मौक़ा मिला था, और मैं इस बात को लेकर काफ़ी एक्साइटेड भी था। अपने स्टेट कैडर की राजधानी

में पहुँचने पर वहाँ की स्टेट एडमिनिस्ट्रेटिव एकेडमी में स्टेट के क़ानूनों, लैंड मैनेजमेंट आदि की ट्रेनिंग दी गई। इसके बाद हर ट्रेनी IAS ऑफ़िसर को किसी एक ज़िले में असिस्टेंट कलेक्टर और एग्जीक्यूटिव मजिस्ट्रेट के रूप में भेजा जाता है। ये एक ऑन जॉब ट्रेनिंग होती है, जहाँ आप पढ़कर नहीं, फ़ील्ड में काम करके सीखते हैं। मुझे राजस्थान के अलवर ज़िले में भेजा गया। यहाँ मैंने वहाँ के कलेक्टर के अधीन लगभग एक साल ट्रेनिंग ली। उनके हर काम, उनका ऑफ़िस में दिन भर लोगों की समस्याएँ सुनना और उन्हें सुलझाना, उनका फ़ील्ड में इंसपेक्शन पर जाना, ग़लतियों को पकड़कर फटकार लगाना और चीज़ों को सुधारना, हर दिन कम-से-काम तीन-चार मीटिंग लेना, सब कुछ बहुत करीब से देखा।

उनको इतना बिज़ी देखकर ये भी लगा कि क्या कभी मैं भी ऐसे मुश्किल काम को ठीक से कर पाऊँगा? मैंने ये भी महसूस किया कि ये पोस्ट दूर से जितनी आकर्षक और पॉवरफ़ुल दिखती है, क़रीब से ये उतनी ही मुश्किल और चुनौतियों से भरपूर है। मैंने एक कहावत पढ़ी थी कि, 'ज़्यादा पॉवर ज़्यादा ज़िम्मेदारी लेकर आती है।' सचमुच, किसी ज़िले के कलेक्टर के पास इतनी सारी शक्तियाँ और जिम्मेदारियाँ होती हैं, कि उसे 24 x 7 एलर्ट रहना पड़ता है। चाहे लॉ एण्ड ऑर्डर हो या डेवलपमेंट, जनता के लिये सेंट्रल और स्टेट गवर्नमेंट की योजनाओं की मॉनिटरिंग हो या डिज़ास्टर आने पर बचाव कार्य। बिना किसी गड़बड़ी के चुनाव कराने हों या ज़मीन के विवादों का निपटारा, सरकारी दफ़्तरों के इंसपेक्शन हों या जन-सुनवाई; एक कलेक्टर ही पूरे ज़िले के प्रशासन की धुरी होता है।

कलेक्टर जिले के एडमिनिस्ट्रेटिव हेड होते हैं। इसलिये वे सभी डिपार्टमेंट के काम-काज में को-ऑर्डिनेशन और मॉनिटरिंग करते हैं। ज़िले में जितने भी सरकारी ऑफ़िस होते हैं, उनका इंसपेक्शन करना भी उनकी

ड्यूटी का हिस्सा होता है। जैसे; सरकारी स्कूल, प्राइमरी हेल्थ सेंटर, डिस्ट्रिक्ट हॉस्पिटल, पंचायत ऑफ़िस, थाना, राशन की दुकान, आँगनबाड़ी, सरकारी हॉस्टल, सड़क-बिजली-पानी आदि का इंफ्रा, कृषि मंडी, ट्रेज़री आदि। मैंने ये भी सीखा कि ऐसी ज़िम्मेदारी भरी और पॉवरफ़ुल पोस्ट को हैंडिल करने के लिये ज़बरदस्त लेवल की मैच्योरिटी की ज़रूरत होती है। चाहे रोड ऐक्सिडेंट में किसी की मौत पर सड़क जाम हो या अतिक्रमण हटाने का एक्शन या दंगे; एक कलेक्टर को बहुत सावधानी और समझदारी से काम लेना होता है। ख़ैर, मैंने अपने बॉस यानी डी.एम. के काम-काज को तो क़रीब से समझा ही, साथ ही ज़िले के हर डिपार्टमेंट में जाकर वहाँ का काम भी समझा। फ़ील्ड में मुझे कुछ समय के लिये तहसीलदार, कुछ समय के लिये बी.डी.ओ. और फिर कुछ वक़्त एस.डी.एम. के रूप में भी प्रैक्टिकली काम करने का मौक़ा मिला। इस दौरान बहुत सारे हाई पॉइंट आये, जहाँ ख़ुशी और संतुष्टि का अहसास हुआ। अलवर में प्रैक्टिकल ट्रेनिंग पूरी करने के बाद मेरी पहली पोस्टिंग राजस्थान के उदयपुर ज़िले के ट्राइबल एरिया कोटड़ा में हुई। यह क्षेत्र काफ़ी पिछड़ा हुआ है। यहाँ के कुछ किस्से मुझे याद हैं।

कोटड़ा से भी लगभग दो घंटे दूर एक गाँव था- बेड़ाधर। वहाँ के लोग अक्सर प्रदर्शन करते थे और प्रशासन के लिये यह एक चुनौती था। मेरे वहाँ पहुँचने पर भी उन्होंने अपनी माँगों को लेकर अल्टीमेटम दिया। चूँकि मेरे लिये यह एकदम नया एरिया था, तो मैं भी कुछ डरा हुआ था। आख़िर, मैंने हिम्मत दिखाई और तय किया कि कल मैं अपने पूरे प्रशासनिक अमले और सभी विभागों की टीम के साथ उस गाँव का दौरा करूँगा। दो घंटे का मुश्किल सफ़र करके जब उस गाँव में पहुँचे तो स्थानीय लोगों ने आवाज़ करके सबको बुला लिया। मैंने गाँव के कुछ प्रमुख लोगों को बुलाया और उनसे कहा कि आप आज खुलकर अपनी समस्यायें बताओ। मैं आज उनका समाधान

करके ही जाऊँगा। धीरे-धीरे उनमें मेरे और मेरी टीम के प्रति विश्वास जगा। एक-एक कर उन्होंने कुल 6-7 समस्याएँ बताईं, जिनमें एक पुलिया की मरम्मत, एक सड़क की क्लीयरेंस, सरकारी हेल्थ सेंटर में नर्स का मौजूद रहना आदि शामिल थीं। मैंने सभी डिपार्टमेंट से बात की और टाइमलाइन के भीतर सॉल्व करने के आदेश दिए। बाद में रेगुलर मॉनिटरिंग की। उस दिन के बाद आज तक वहाँ शांति है और कोई हिंसक प्रदर्शन नहीं हुआ है।

दूसरा क़िस्सा बतौर SDM मेरी दो पहलों से जुड़ा है। मैंने वहाँ स्टूडेंट्स के लिये दो इनिशिएटिव लिये। एक मिशन 'मार्गदर्शन' और दूसरा 'संवाद'। ये कुछ वो चीज़ें हैं, जो एक IAS अफ़सर अपने रूटीन काम के अलावा करके समाज में कुछ सुधार कर सकता है। 'मार्गदर्शन' में हम सभी सरकारी स्टाफ़ के लोग वीकेंड पर ट्राइबल बच्चों को कम्पेटिटिव एग्ज़ाम की कोचिंग देते थे और 'संवाद' के अंतर्गत हर सरकारी ऑफ़िसर को एक सरकारी ट्राइबल हॉस्टल अलॉट करके समय-समय पर उसे विज़िट करने और बच्चों से संवाद की ड्यूटी सौंपी हुई थी। इस तरह की पहलें न केवल आपको ख़ुशी देती हैं, बल्कि समाज के वंचित वर्गों में कॉन्फ़िडेन्स बिल्डिंग भी करती हैं। मुझे याद है एक बार एक कलेक्टर को मालूम हुआ कि एक सरकारी स्कूल में कुछ बच्चे एक महिला कुक के हाथ का खाना इसलिये नहीं खाते, क्योंकि वह किसी पिछड़ी जाति से है। कलेक्टर साहब जब इंसपेक्शन पर पहुँचे तो बैठकर उस कुक के हाथ का बना खाना खाने लगे। इस छोटी सी घटना का बड़ा असर हुआ और यह बुराई वहाँ से ख़त्म हुई।

कुछ मामलों में ऐसा भी देखा गया है कि किसी ज़िले के कलेक्टर के जिले से जाने पर जनता दु:खी हो गई। ऐसा तभी होता है, जब आप पॉवर के नशे से बचते हुए अपनी ज़िम्मेदारी पर ज़्यादा ध्यान देते हैं। जनता की बातें सुनकर पूरे कमिटमेंट के साथ काम करते हैं। हर पेशे में अच्छे-बुरे लोग

होते हैं। ज़्यादातर डॉक्टर किसी भगवान से कम नहीं पर कभी-कभी कुछ डॉक्टरों की ग़लत गतिविधियों की ख़बरें भी हम अख़बार में पढ़ते हैं। इसी समाज में से ही IAS, डॉक्टर, इंजीनियर, वक़ील, बिज़नेसमैन या जर्नलिस्ट निकलते हैं। एक जैसी ट्रेनिंग मिलने के बाद भी, हर अफ़सर समस्या को अलग-अलग ढंग से हैंडिल करता है, क्योंकि हर व्यक्ति की पर्सनालिटी अलग और अपने आप में यूनीक होती है। कुल मिलाकर मुझे किसी शायर की ये पंक्तियाँ याद आती हैं-

'मुख्तसर सी ज़िंदगी के, अजीब से अफ़साने हैं...
यहाँ तीर भी चलाने हैं, और परिंदे भी बचाने हैं..'

भाग - ख

भारत दर्शन

बुद्ध और महावीर की भूमि बिहार

'धूप में निकलो, घटाओं में नहाकर देखो,
ज़िंदगी क्या है, किताबों को हटाकर देखो।'

निदा फाज़ली साहब की ये पँक्तियाँ यूँ तो हमेशा मुझे अपील करती थीं, पर इन्हें सही मायने में साकार करने का मौका मिला हम प्रशिक्षु आईएएस अधिकारियों के विंटर स्टडी टूर के दौरान, जिसे 'भारत-दर्शन' के नाम से जाना जाता है। दिसंबर-जनवरी के महीने में जब मसूरी स्थित आईएएस अधिकारियों की लाल बहादुर शास्त्री राष्ट्रीय प्रशिक्षण अकादमी (LBSNAA) सर्दी के चलते भारी बर्फ से ढक जाती है। उस दौरान समय का सदुपयोग करते हुए प्रशिक्षु अधिकारियों को प्रशिक्षण हेतु करीब दो महीने के भारत भम्रण पर ले जाया जाता है। यूँ तो अपना भारत इतना वैविध्यपूर्ण, विराट् और बहुरंगी है कि दो महीने के समय में इसकी पूरी झलक भी नहीं मिल सकती। इसलिये पूरे बैच को ग्रुपों में बाँट दिया जाता है और प्लान के मुताबिक हरेक ग्रुप को अलग अलग राज्यों में भेजा जाता है। कोशिश की जाती है कि हरेक ग्रुप को देश की तमाम विविधताओं से रूबरू होने का मौका मिले। मसलन हम अपने भारत भम्रण के दौरान 58 दिनों में देश के 16 राज्यों/केंद्र-शासित क्षेत्रों का भ्रमण कर सके। इस दौरान हमने कोशिश की देश की नब्ज पकड़ने की; उसकी प्राकृतिक, सामाजिक, सांस्कृतिक, ऐतिहासिक, आर्थिक, औद्योगिक, आध्यात्मिक विशिष्टताओं को महसूस करने की। साथ ही कोशिश की गाँधीजी के बताए जंतर के मुताबिक आख़िरी छोर पर खड़े आम आदमी के मन की थाह लेने की।

इस दौरान हमने पहाड़ से लेकर रेगिस्तान और समुद्र की झलक देखी, तो नदियाँ और किले भी देखे। वहीं हमने भारतीय सशस्त्र सेनाओं के जवानों के साथ रहकर उन्हें नज़दीक से जाना व उनकी चुनौतियों से रूबरू होने का प्रयत्न किया। हमने बाँध देखे, तो तमाम प्राकृतिक स्थल भी। हमने देशभर के तमाम लजीज व्यंजनों का स्वाद भी लिया। लोग अक्सर घूमने की बात कहते हैं। लेकिन करीब दो महीनों में भारत घूमने के बाद मैं इतना पक्के तौर पर कह

सकता हूँ कि हमारा देश भी अपने आप में किसी छोटी मोटी दुनिया से कम नहीं है। जहाँ आपको इतनी तरह के अनुभव मिलेंगे कि आपको लगेगा कि हमारे देश ने अपने आप में न जाने कितने तरह के लोगों को समेट रखा है। भारत की विविधता के बारे में कहा भी जाता है कि यहाँ कोस-कोस पर पानी बदले, चार कोस पर वाणी। इसका अर्थ है कि हमारा देश इतनी विविधता लिये हुए है कि यहाँ हरेक कोस पर पानी का स्वाद बदल जाता है, तो हरेक चार कोस पर लोग पहले से हटकर बोली बोलते मिलेंगे। अपने इस भारत दर्शन के दौरान हमने इस कहावत को यथार्थ में महसूस किया।

हमारा यह भारत-दर्शन महज़ पर्यटन स्थलों की सैर या प्रकृति की सुंदरता की झलक लेने तक सीमित नहीं, बल्कि समग्र भारत का दर्शन था। इसका मतलब था इस विराट् देश की अद्भुत ऐतिहासिक व सांस्कृतिक विरासत के प्रति जागरूकता; देश के राजनीतिक, प्रशासनिक, लोकतांत्रिक एवं पंचायती ढाँचे की समझ; जल-थल-वायु सीमाओं के प्रहरी सैन्य व अर्धसैनिक बलों के जीवट और जज्बे का अनुभव; पहाड़, दर्रे, पठार, नदी, सागर, द्वीप समेत भौगोलिक विविधताओं का एहसास; मुख्यधारा से कटे जनजातीय व हाशिए के लोगों की ज़िंदगियों की झलक; उग्रवाद व नक्सल-प्रभावित क्षेत्रों की ज़िंदगी के मुश्किल हालात की समझ और कृषि, उद्योग, ऊर्जा, संचार, परिवहन, ग्रामीण व शहरी विकास जैसे तमाम क्षेत्रों में देश की लंबी विकास यात्रा और सरकारी व गैर-सरकारी प्रयासों की समग्र समझ विकसित करना। दिसंबर 2015 के अंत में मसूरी की कड़ाके की ठंड के बीच हम निकले अपनी इस अद्भुत, विराट् और वैविध्यपूर्ण यात्रा के लिये। हमारा सबसे पहला सफ़र था देहरादून से शताब्दी एक्सप्रेस द्वारा नई दिल्ली का सफ़र। नई दिल्ली पहुँचकर हमने रात्रि विश्राम किया।

अगले दिन भारत की राजधानी नई दिल्ली से सफ़र शुरू हुआ, तो हमारे भारत-दर्शन का पहला पड़ाव था बुद्ध और महावीर के विहार की भूमि बिहार। नई दिल्ली स्टेशन से शाम के वक़्त जब हमने राजधानी एक्सप्रेस से पटना की ट्रेन यात्रा शुरू की, तो पहली बार भारत की महान सांस्कृतिक भूमि बिहार जाने को लेकर मेरा मन काफ़ी प्रफुल्लित था। आख़िरकार भगवान

महावीर और बुद्ध को इस पावन धरती पर सर्वोच्च ज्ञान की प्राप्ति जो हुई थी। भारतीय प्रशासनिक सेवा में अपने नये सफ़र की शुरुआत से पहले शायद मैं भी बिहार की पवित्र भूमि से कुछ आध्यात्मिक ज्ञान अर्जित करना चाहता था।

अगले दिन सुबह जब हम बिहार की राजधानी पटना के रेलवे स्टेशन पर पहुँचे, तो भीड़-भाड़ में एक अजीब सी रौनक थी। देश के तमाम रेलवे स्टेशनों की तरह पटना का रेलवे स्टेशन भी ख़ुद में भारी भीड़ को समेटे हुए था। वहाँ से हम निकल पड़े अतिथि गृह की ओर। वहाँ जाकर हमने अपना सामान रखा और ताज़ादम होकर फिर से निकल पड़े घूमने और कुछ नया सीखने। वहाँ हमारा सबसे पहला पड़ाव बाढ़ क़स्बे में एन.टी.पी.सी. संयंत्र का अवलोकन करना था। हमने वहाँ पहुँचकर उसकी कार्य-प्रणाली समझी, तो वहाँ की मशहूर मिठाई लाई का भी स्वाद चखा। देश को थर्मल पावर से सराबोर करने वाली एनटीपीसी के संयंत्र में जाकर वहाँ भारीभरकम मशीनों के बीच थर्मल पावर से जुड़ी जटिलताओं को समझना अपने आप में एक रोचक अनुभव था। मशीनों के बीच हम इतना खो गये कि पता ही नहीं लगा कि कब दिन बीतने को आ गया। यहाँ यह जानना दिलचस्प लगा कि एनटीपीसी ने देश की ऊर्जा ज़रुरतों को पूरा करने के लिये देश के तमाम हिस्सों में अपने संयंत्र स्थापित किये हैं, जो अपना काम बख़ूबी कर रहे हैं। पहली बार बिहार भ्रमण पर आने से पहले मैंने अपने दिल्ली यूनिवर्सिटी के मित्रों से बिहार के प्रसिद्ध व्यंजन लिट्टी चोखा के बारे में काफ़ी सुना था। इसलिये शाम को हम पहुँच गये पटना के भीड़भाड़ भरे बाज़ार। वहाँ पर खाए उस लिट्टी-चोखा का ज़ायका आज भी भुलाये नहीं भूलता। आलू, टमाटर, बैंगन की मसालेदार सब्जी और खट्टी चटनी के साथ घी में डूबी सत्तू से भरपूर करारी लिट्टी और साथ में सलाद। यह ज़ायका हम सबको इतना स्वादिष्ट लगा कि उस रात हमने गेस्ट हाउस की बजाय बाज़ार में लिट्टी चोखा का ही डिनर किया।

पटना में अगले दिन हमने प्रशासनिक अनुभव लेने की खातिर पूर्व निर्धारित कार्यक्रम के अनुरूप कलेक्ट्रेट परिसर, पुलिस हेल्पलाइन,

आई.सी.ए.आर. और बिहार पावर कॉरपोरेशन का भ्रमण किया और प्रशासन के कुछ नये सबक़ सीखे। अब तक मेरा प्रशासनिक गतिविधियों के बारे में अखबारों में पढ़कर ही जानने का अनुभव था, लेकिन पहली बार उनसे बतौर प्रशिक्षु अधिकारी रूबरू होना अपने आप में दिलचस्प अनुभव था। इस दौरान हमें तमाम प्रैक्टिकल चीज़ों से रूबरू होने का मौका मिला। ख़ासकर बिहार पावर कॉरपोरेशन में हमें दिखाया गया कि कैसे वहाँ पर सुनियोजित तरीक़े से बिजली की बदहाल अवस्था को सुधारा गया।

रात को हमने पटना साहिब गुरुद्वारा में मत्था टेका। सिखों के दसवें गुरु श्री गोविंद सिंह जी के जन्म-स्थान का दर्शन स्वयं में एक अनूठा अनुभव था। उस स्थान पर मुझे अद्भुत गर्व की अनुभूति हुई कि हम एक ऐसे स्थान पर खड़े थे, जहाँ उस वीर सेनानी ने जन्म लिया था, जिन्होंने चिड़ियों में मैं बाज़ लड़ाऊँ, तो गोविंद सिंह नाम कहाऊँ जैसा नारा देकर अपने योद्धाओं में वीरता का संचार किया था। गुरु गोविंद सिंह जी ने अंतिम समय में श्री गुरु ग्रंथ साहिब को गुरु घोषित कर दिया था। गुरुद्वारे में हमारे सामने चल रही गुरबानी का पाठ सुनकर मानसिक शांति का अनुभव हुआ। हमने थोड़ी देर गुरबानी सुनी और उसके बाद कड़ाह प्रसाद लिया। इतना स्वादिष्ट हलवा आपको कभी कभार ही खाने का मौका मिलता है। यही नहीं यहाँ पर हमने लंगर भी छका। सिख समुदाय के समस्त गुरुद्वारों में बिना किसी भेदभाव के यहाँ आने वाले श्रद्धालुओं को लंगर प्रसाद छकाने की परंपरा अपने आप में सेवा का अद्भुत उदाहरण है।

बिहार की राजधानी पटना से अपनी यात्रा की शुरुआत करके हम अपने अगले पड़ाव नालंदा और गया की ओर रवाना हुए। सुबह-सुबह कोहरे में पटना से नालंदा तक की यात्रा का अनुभव लाजवाब है। हम मान कर चल रहे थे कि यात्रा में सामान्य से ज़्यादा समय लगेगा। लेकिन पटना से नालंदा तक की सड़क काफ़ी अच्छी थी। इसलिये हम निर्धारित समय में ही नालंदा पहुँच गये। अब तक बिहार का अनुभव लेकर हम जान गये थे कि बिहार में हरेक क्षेत्र में काफ़ी सुधार आ गया है। नालंदा स्थित हिंदू-बौद्ध-जैन धर्मों के तीर्थस्थल राजगीर का भ्रमण सचमुच अद्भुत अनुभव था। यहाँ आकर

ऐसा लगा कि मानों हम बेहद पवित्र स्थल पर आ गये हैं, जहाँ प्राचीन काल से हर कदम पर कोई न कोई सांस्कृतिक स्थल मौजूद रहा है। हमने यहाँ प्राचीन नालंदा विश्वविद्यालय के अवशेष देखे। नालंदा विश्वविद्यालय के अवशेष निहारते वक़्त कई बार ऐसा लगा कि मानों मैं प्राचीन काल के नालंदा विश्वविद्यालय के वैभव को अपनी आँखों से देख रहा हूँ, जो कि दुनिया का सबसे पहला ऐसा विश्वविद्यालय था, जहाँ दुनियाभर के छात्र पढ़ने आते थे। नालंदा विश्वविद्यालय के भग्नावशेषों को देखकर आप विस्मित हुए बिना नहीं रह पाते। क्या हज़ारों साल पहले भी इतनी विकसित शिक्षा-प्रणाली हो सकती है? प्राप्त जानकारी के अनुसार यह विश्वविद्यालय अपने समय में बौद्ध धर्म का भी बहुत बड़ा केंद्र था। गुप्त काल के दौरान स्थापित किये गये नालंदा विश्वविद्यालय के ध्वंसावशेषों को यूनेस्को ने विश्व विरासत स्थल घोषित कर दिया है। इस विश्वविद्यालय की महानता और गौरव के बारे में उस दौरान भारत आने वाले विदेशी यात्रियों ने प्रमुखता से लिखा है। हालाँकि अब वह प्राचीन गौरव तो मौजूद नहीं है, लेकिन उससे प्रेरणा लेते हुए भारत सरकार ने 2010 में यहाँ नई नालंदा यूनिवर्सिटी की भी स्थापना की है। जहाँ पर मौजूदा शिक्षा व्यवस्था के मुताबिक तमाम छात्र शिक्षा ग्रहण कर रहे हैं। छात्रों को एक प्रेरणा तो मिलती ही होगी कि वे उसी पवित्र भूमि पर शिक्षा ग्रहण कर रहे हैं, जिस पर प्राचीन काल में ना जाने कितने विद्वानों ने शिक्षा ग्रहण की।

इसके बाद हम पहुँचे यहाँ के प्रसिद्ध विश्वशांति स्तूप। राजगीर के इस स्तूप तक जाने के लिये बना रोप-वे दरअसल देश का सबसे पुराना रोप-वे है। इस रोप-वे के माध्यम से विश्व शांति स्तूप तक जाना अपने आप में एक दिलचस्प अनुभव था। वरना रोप-वे के बनने से पहले यहाँ तक आना बेहद कष्टकारी अनुभव रहता होगा। नालंदा में हमने थीम पार्क 'पांडु पोखर' का भी भ्रमण किया। पांडवों के पिता महाराज पांडु की विराट् प्रतिमा यहाँ झील के बीच स्थित है। रामायण महाभारत के दूसरे किरदारों के नाम पर देश के अलग-अलग हिस्सों में तमाम स्थल बने हुए हैं, लेकिन संभवतः महाराज पांडु के नाम पर बना यह देश का इकलौता थीम पार्क है। आपको बता

दूँ कि पौराणिक कथा के अनुसार हस्तिनापुर के राजा, महाराज पांडु की असमय मृत्यु के पश्चात हस्तिनापुर की गद्दी महाराज धृतराष्ट्र ने संभाल ली। बाद में जब पाँचों पांडव बड़े हुए तो उन्होंने हस्तिनापुर की गद्दी पर अपना हक जताया, जिसे दुर्योधन ने नकार दिया और महाभारत के भीषण युद्ध की पटकथा लिखी गई। उन्हीं महाराज पांडु के नाम पर बने पोखर यानी कि झील के किनारे ठंडी हवा के चलते मौसम इतना अच्छा हो रहा था कि उसे छोड़कर जाने का मन नहीं हो रहा था। दिन भर काफ़ी विचरण करने के बाद हम रात्रि विश्राम के लिये अपने गेस्ट हाउस पहुँच गये।

अगले दिन सुबह हमने जैन धर्म के चौबीसवें तीर्थंकर महावीर की निर्वाण भूमि पावापुरी स्थित जल मंदिर के दर्शन भी किये। जैन धर्मावलम्बी होने के नाते यह मेरे लिये एक विशिष्ट अवसर था कि मैंने अपने आराध्य की निर्वाण भूमि के दर्शन किये। वहाँ दर्शन करते वक़्त मेरे मन में ख़्याल आया कि इस स्थल पर कैसा रहा होगा वह पल जब भगवान महावीर जन्म जन्मांतर के बंधनों से मुक्त होकर हमेशा के लिये निर्वाण भूमि पहुँच गये। वहाँ मौजूद पुजारी ने बताया कि दीपावली के अवसर पर भगवान महावीर के निर्वाण महोत्सव के मौके पर देशभर के श्रद्धालु यहाँ पर इकट्ठा होते हैं। मंदिर से बाहर निकलकर मैंने देखा कि विशाल तालाब के बीचोबीच मंदिर और तालाब में असंख्य कमल व बत्तखों की वजह से पूरा परिसर बेहद सुंदर लग रहा था।

भगवान महावीर की निर्वाण भूमि के पश्चात हमने भगवान बुद्ध को ज्ञान प्राप्ति की भूमि बोधगया की यात्रा शुरू की। बोधगया स्थित महाबोधि मंदिर के दर्शन करना एक आध्यात्मिक अनुभव था। ध्यानस्थ बुद्ध किसी के भी मन को परम शांति की ओर ले जाते हैं। विदेशी श्रद्धालु बोधि वृक्ष के नीचे ध्यान और आत्मचिंतन में रत थे। मैंने हमेशा से बोधगया के बारे में बहुत कुछ सुना था, लेकिन इस पवित्र जगह का दर्शन करने का अवसर पहली बार प्राप्त हुआ था। सचमुच अलौकिक और अद्भुत! मैंने बचपन से सुना था कि गया जी में लोग अपने पूर्वजों का पिंडदान करने आते हैं। हमने देखा कि वहाँ तमाम लोग पंडितों के पास बैठकर अपने पूर्वजों की आत्मा की शांति के

लिये तमाम तरह के अनुष्ठान करा रहे थे। एक पंडित ने हमें भी बताया कि उनके पास वहाँ आने वाले भक्तों की कई पीढ़ियों का चिट्ठा मौजूदा होता है। इसके बाद हमने गया के प्रसिद्ध विष्णुपद मंदिर में भगवान् विष्णु के चरणों को नमन किया। देश के चुनिंदा विष्णु मंदिरों में से एक विष्णुपद मंदिर में भगवान विष्णु अलौकिक स्वरूप में मौजूद हैं। कई दिनों तक बिहार की पवित्र भूमि में विचरण करने के पश्चात हम खनिजों के राज्य झारखंड की ओर रवाना हो गये।

झारखंड में हमारा प्रवास लातेहार और बोकारो में रहा। सर्वप्रथम हमने लातेहार ज़िले का भ्रमण किया। झारखंड के बारे में मैंने पहले काफ़ी सुना था कि यह देश का खनिजों से भरपूर लेकिन पिछड़ा राज्य है। लेकिन यहाँ पर आने का मौका पहली बार मिला। नक्सल प्रभावित क्षेत्र होने के चलते यहाँ पर हमारी सुरक्षा काफ़ी बढ़ा दी गई थी। हमारे साथ चलने वाले सुरक्षा गारद के जवानों ने बताया कि यहाँ पर सुरक्षाकर्मी हमेशा हाई अलर्ट पर रहते हैं। ज़रा सी भी लापरवाही होते ही आपको अपनी और अपने साथ वालों की जान गंवानी पड़ सकती है। यही वजह है कि सुरक्षाबल कहीं पहुँचने पर आपस में भी कोडवर्ड में पहचान पूछते हैं। अगर कोई गड़बड़ लगे, तो तुरंत कारवाई की जाती है। यहाँ हमने कुछ गाँवों का दौरा किया। वहाँ जाकर यही समझ आया कि इन क्षेत्रों में पर्यटन व रोज़गार-सृजन की अपार संभावनाएँ हैं। बस, ज़रुरत है उन्हें विकास की मुख्यधारा से जोड़ने की। इसके बाद रात्रि विश्राम के लिये अपने गेस्ट हाउस पहुँच गये। हमें बताया गया था कि नेतरहाट में सुबह सवेरे सूरज को उगते देखना दिलचस्प अनुभव होता है। इसलिये हम अगले दिन जल्दी उठ गये और वाक़ई यहाँ का अनूठा सूर्योदय देखना अच्छा लगा। बिल्कुल साफ़ आसमान में पहले लाल से पीला होता सूर्य मैंने इतनी फ़ुरसत में काफ़ी अरसे बाद देखा था।

सूर्योदय का आनंद लेकर हम नेतरहाट से स्टील सिटी बोकारो की ओर रवाना हो गये। बोकारो स्टील व थर्मल प्लांट के कारण बोकारो नगर का पर्याप्त विकास हुआ है। यहाँ की अच्छी सड़कें और यहाँ के निवासियों के जीवन स्तर में दिख रहा सुधार ख़ुद ब ख़ुद यहाँ के विकास की कहानी कह

रहा था। देश के सबसे पिछड़े राज्यों में शुमार किये जाने वाले बिहार और झारखंड के बारे में हमारे नज़रिये में काफ़ी बदलाव आया। कुछ हिस्सों को छोड़कर बाक़ी जगहों पर दोनों राज्यों में पर्याप्त विकास हुआ है। अगर आप इनके बारे में किसी स्टीरियो टाइप सोच के शिकार हैं, तो मैं आपको यही सलाह दूँगा कि एक बार अगर आप बिहार और झारखंड को अपनी आँखों से देख लें, तो वहाँ से लौट कर आपको इन्हें पिछड़ा राज्य कहने से पहले दोबारा सोचना पड़ सकता है।

सेना के जवानों के साथ वह एक हफ़्ता

झारखंड से सीधे हमने भारत के उत्तर पूर्व इलाक़े में प्रवेश किया। यहाँ हमारा सबसे पहला असाइनमेंट आर्मी अटैचमेंट था। इसके तहत हम सिविल सेवा अधिकारियों को एक हफ़्ते का वक़्त आर्मी के जवानों के साथ बिताना था। शायद इसका उद्देश्य यही था कि ताकि हमें भारतीय सेना के जवानों की चुनौतियों से रूबरू कराया जा सके। असम के डिब्रूगढ़ से शुरू हुआ हमारा यह आर्मी अटैचमेंट अरुणाचल प्रदेश के आख़िरी छोर पर चीन बॉर्डर तक जाकर ख़त्म हुआ। चीन को लेकर कम जानकारियाँ उपलब्ध होने के चलते हममें से हर किसी के मन में चीन के बारे में जानने की काफ़ी इच्छा थी। करीब साठ साल पहले चीन से युद्ध के बाद दोनों देशों के बीच कोई दूसरी लड़ाई तो नहीं हुई, लेकिन बॉर्डर पर हालात अब भी तनावपूर्ण रहते हैं। चीन के बॉर्डर पर पहुँचने से कई दिन पहले ही हमारे फोन का सिग्नल आना बंद हो गया था। बावजूद इसके वहाँ जाकर हमने अलग ही रोमांच महसूस किया। लगातार सात दिनों तक सैन्य बलों के जवानों और अधिकारियों के साथ रहना और उनके जीवन, जज़्बे और भावनाओं को नज़दीक से समझना एक अविस्मरणीय अनुभव था।

यहाँ पर हमें बताया गया कि पाकिस्तान सीमा के उलट यहाँ दोनों देशों के कभी भी गोलीबारी नहीं होती, बल्कि मुद्दों को बातचीत से सुलझा लिया जाता है। हालाँकि मैं अपने छात्र जीवन में एनसीसी का भी सदस्य रहा हूँ। इस नाते आर्मी के जवानों से मैं पहले भी रूबरू हो चुका था। लेकिन यहाँ दुर्गम प्राकृतिक चुनौतियों के बीच सेना के जवानों के साथ वक़्त बिताने की बात ही अलग थी। हाड़ कँपा देने वाली ठंड में स्लीपिंग बैग में कँपकँपाते हुए रात बिताना, एक असली सैनिक की तरह अँधेरी रात में नदी के किनारे पेट्रोलिंग करना, पहाड़ों पर ख़तरनाक रास्तों पर ट्रैक करना, अत्याधुनिक हथियारों से निशानेबाज़ी द्वारा लक्ष्य साधने का अभ्यास, ट्रकों में बैठकर बॉर्डर पर जाना और भारत की ऑब्जरवेशन पोस्ट तक ट्रैकिंग करना जैसे कुछ अनुभव करने

के बाद एक बार को तो ऐसा लगा कि हम भी सेना के जवानों में से ही एक हैं। इस दौरान हम जब सेना की वर्दी पहनते थे, तो बेशक हमारा हृदय जोश से भर उठता था। हमारी अब तक की यात्रा के दौरान यह आर्मी अटैचमेंट उसके कुछ सबसे यादगार पलों में से एक था। पहले दिन जब हमें जवानों की चुनौतियों का सामना करना पड़ा, तो हमें भले ही वह अच्छा नहीं लगा, लेकिन आख़िरी दिन आर्मी अटैचमेंट पूरा होने के बाद हममें से हरेक के मन में सेना के जवानों को लेकर इज्ज़त और ज़्यादा बढ़ गई। हमने यह बेहद करीब से देखा कि सेना के जवान किन मुश्किल परिस्थितियों में अपनी परवाह किये बिना देश की रक्षा करते हैं। हम लोगों द्वारा आर्मी यूनिटों में देश की रक्षा चुनौतियों एवं संबंधित तैयारियों को समझना और अपने वीर जवानों के शौर्य के प्रति संवेदनशील होना इस आर्मी अटैचमेंट का उद्देश्य था और हमने इसे पूरे उत्साह से पूर्ण किया। इस दौरान हमें देश के उत्तरपूर्व इलाक़े को काफ़ी करीब से देखने का मौका मिला। वाक़ई देश का अनछुआ स्वर्ग कहे जाने वाले उत्तरपूर्व में प्राकृतिक सुंदरता दूर-दूर तक बिखरी हुई है। यहाँ आपको नदी, पहाड़, झीलें और झरने तक सब कुछ देखने को मिलेगा।

ख़ास बात यह है कि देश के दूसरे राज्यों से यहाँ कम टूरिस्ट आने के बाद भी यहाँ की सुंदरता अभी भी अपने पूरे शबाब पर है। इसलिये इसे वर्जिन ब्यूटी यानी कि अनछुआ सौन्दर्य कहा जाता है। लेकिन अगर यहाँ पर भी भारी संख्या में पर्यटक आने लगेंगे, तो बेशक यह भी इलाक़ा भी पहले जैसा नहीं रहेगा। हालाँकि अपनी विशेष भौगोलिक परिस्थतियों के कारण परिवहन के साधन उतने अच्छे नहीं होने के चलते यहाँ इतने ज़्यादा पर्यटक अभी नहीं आते हैं। लेकिन सरकार पूर्वोत्तर को तेजी से टूरिज्म का हब बनाने की दिशा में काम कर रही है। इसी का नतीजा है कि पहले के मुक़ाबले यहाँ पर पर्यटकों की संख्या में काफ़ी बढ़ोत्तरी हुई है, लेकिन अभी और काफ़ी संभावनाएँ बाक़ी हैं।

अनदेखा स्वर्ग- भारत का पूर्वोतर

आर्मी अटैचमेंट की यादों को अपने दिलों में संजोये हुए इसके बाद हम असम के तिनसुकिया ज़िले पहुँचे। देश भर में मशहूर चाय के बागानों की धरती असम में चारों ओर प्राकृतिक सौंदर्य बिखरा है। चाय के बागानों में दूर-दूर तक फैली हरियाली और उनके बीच रंगबिरंगे कपड़ों में सिर पर टोकरी लटका पत्तियाँ चुगती महिलाओं को देखकर आपको बॉलिवुड फ़िल्मों की याद आ जाती है। हालाँकि असल में चाय बागानों का नज़ारा फ़िल्मी पर्दे से कहीं ज़्यादा सुंदर था। यहाँ हमने न सिर्फ़ चाय बागानों की सैर की, बल्कि एकदम फ्रेश चाय की चुस्कियाँ भी लीं। बागान के अधिकारियों ने हमें ब्लैक टी, वाइट टी और ग्रीन टी जैसी चाय की तमाम किस्मों से रूबरू भी कराया। यहाँ हमें विस्तार से समझाया गया कि कैसे ये पौधों पर लगी हरी पत्तियाँ काली चाय का रूप लेकर हमारे रसोई घरों तक पहुँचती और हर सुबह हमें तरोताज़ा करती हैं। लगे हाथों हमने चाय बागान के सेल्स काऊँटर से अपने लिये कुछ चाय भी पैक करा ली। यहाँ हमें एक और दिलचस्प बात पता लगी कि ज़्यादातर चाय बागानों की सबसे उत्कृष्ट श्रेणी की चाय की विदेशों में काफ़ी मांग है। इसके बाद हम यहाँ की प्रसिद्ध मोंगुरी झील गये, जहाँ नौका विहार कर पक्षियों की अनेक प्रजातियों को करीब से देखना दिलचस्प था। भारत के हरेक इलाक़े में अलग अलग तरह के पक्षी पाये जाते हैं। यहाँ पर भी हमें कई तरह के नये पक्षी देखने को मिले।

इसके बाद हमें डिगबोई की तेल रिफ़ाइनरी ले जाया गया। देश की सबसे बड़ी रिफ़ाइनरियों में से एक डिगबोई रिफ़ाइनरी की स्थापना 1901 में की गई थी। एक शताब्दी से भी ज़्यादा पुरानी यह रिफ़ाइनरी एशिया की सबसे पहली रिफ़ाइनरी है जो कि अभी भी कार्यरत है। यहाँ बड़ी-बड़ी मशीनों से तेल का शोधन होते हुए देखना किसी के लिये भी दिलचस्प अनुभव हो सकता है। यहाँ रिफ़ाइनरी में शोधित होते तेल को देखकर मैंने मन ही मन

उसकी यात्रा के बारे में सोचा कि किस तरह यह तेल यहाँ से देशभर के पेट्रोल पंपों तक पहुँचता है। इसके बाद हमें ईंधन के एक और स्वरूप- कोयले की खानों के दौरे पर ले जाया गया। मार्घेरिटा की कोयला खानें देखकर हम हैरान रह गये कि जिस कोयले को हम घरों में जलाते हैं, उसे बड़ी मशीनों की सहायता से श्रमिक ज़मीन के हज़ारों फुट नीचे से निकालते हैं। इस कार्य में कई बार उनकी जान पर भी बन आती है। कोयला खदान में कार्यरत श्रमिकों को देखकर मेरे मन में विचार आया कि राष्ट्र-निर्माण में सबकी अपनी-अपनी प्रभावी भूमिका है। ये श्रमिक भी ज़मीन के इतने नीचे से कोयला खनन करके राष्ट्र निर्माण में अपना योगदान दे रहे हैं।

हमारा अगला पड़ाव था मेघों यानी कि बादलों का घर कहा जाने वाला ख़ूबसूरत राज्य मेघालय। उत्तर-पूर्व के सौंदर्य के साकार स्वरूप मेघालय में हमारा प्रवेश हुआ। इसकी राजधानी शिलांग एक बेहद शांत और सुंदर नगर है। देश की राजधानी दिल्ली से हज़ारों किलोमीटर दूर देश के सीमावर्ती राज्य की राजधानी में होना हमारे लिये एकदम अलग अनुभव था। यहाँ के लोग बेहद ख़ुशमिज़ाज नज़र आ रहे थे। आश्चर्यजनक रूप ये यहाँ काफ़ी साफ़सफ़ाई नज़र आ रही थी। हालाँकि मैदानी इलाक़े से ऐसे पहाड़ी इलाक़ों में आने पर आपको ये शहर काफ़ी छोटे लगेंगे, लेकिन यहाँ रहने का अपना अलग मज़ा है। यहाँ के सर्किट हाउस में सामान रखकर हमने कुछ देर विश्राम किया और फिर मेघालय भम्रण के लिये निकल पड़े।

तेज बारिश के बीच हम एशिया के सबसे स्वच्छ गाँव कहे जाने वाले मावलिननोंग पहुँचे। यहाँ पर इतनी ज़्यादा सफ़ाई थी कि सड़क पर एक क़तरा भी पड़ा नज़र नहीं आया। यहाँ के निवासियों से इसका राज़ पूछे जाने पर उन्होंने बताया कि कोई भी परिवर्तन ख़ुद से ही आता है। यहाँ के निवासियों ने ख़ुद को इतना संयमित कर लिया है कि वे ख़ुद तो सड़क या किसी दूसरी जगह पर कोई कचरा फेंकते ही नहीं हैं, बल्कि अगर कोई दूसरा भी कुछ फेंक देता है, तो उसे भी उठाकर कचरे के डब्बे में डाल देते हैं। इसके अलावा यहाँ कचरा या गंदगी फैलाने वालों पर जुर्माने की व्यवस्था

भी की गई है। जुर्माने की रकम को गाँव की सफ़ाई व्यवस्था में इस्तेमाल किया जाता है। रास्ते में पहाड़ों के बीच तैरती धुंध देखकर लग रहा था कि मानों हम बादलों के बीच हैं। तब जाकर हमें लगा कि सचमुच इस राज्य का नाम 'मेघालय' सार्थक ही प्रतीत होता है। शायद आपने भी इससे पहले 'लिविंग रूट ब्रिज' के बारे में सुना होगा। एशिया के सबसे साफ़ गाँव के बाद हम भी प्रकृति की अद्भुत कारीगरी से किसी को भी विस्मित कर देनेवाले 'लिविंग रूट ब्रिज' को देखने पहुँचे। 'लिविंग रूट ब्रिज' और बाँस का बना 'स्काईवॉक' स्वयं में रोमांचक एहसास कराते हैं। इसे देखकर हमने जाना कि मनुष्य भले ही ख़ुद को कुछ भी, कितना भी बड़ा मान ले, लेकिन वह प्रकृति से बड़ा नहीं हो सकता। इतना ख़ूबसूरत ब्रिज शायद मनुष्य तमाम प्रयास करके भी ना बना पाये, जो कि प्रकृति ने अपनी कारीगरी से गढ़ दिया।

पूर्वोत्तर की हमारी इस रोमांचकारी यात्रा का आख़िरी पड़ाव त्रिपुरा था। मैंने अपने बचपन में त्रिपुरेश्वरी देवी के मंदिर के बारे में सुना था। यहाँ साक्षात माँ त्रिपुरेश्वरी के दर्शन करना हमारे लिये एक अलौकिक अहसास था। वहीं त्रिपुरा की राजधानी अगरतला को भी यहाँ के लोगों ने काफ़ी अच्छे तरीक़े से सजाया और सँवारा है। आश्चर्यजनक रूप से पूर्वोत्तर के सारे ही राज्य साफ़ सफ़ाई के मामले में अव्वल दिखे। इसके अलावा सड़कों पर पुरुषों और महिलायें दोनों को ही सामान बेचते देखकर हमें काफ़ी हैरानी हुई। एक लोकल निवासी ने बताया कि पूर्वोत्तर के ज़्यादातर राज्यों में महिलाएँ पुरुषों के साथ कंधे से कंधा मिलाकर कार्य करती हैं। न सिर्फ़ मानवीय क्षमता बल्कि प्राकृतिक संपदा के मामले में भी यह राज्य काफ़ी धनी है। हमने यहाँ लाउडेड लेपर्ड नैशनल पार्क में चश्मेवाले बंदर से लेकर स्नेक शो में साँपों की विभिन्न प्रजातियों का अवलोकन किया। इसके अलावा स्थानीय बाँस का हस्तशिल्प हम सबको बेहद पसंद आया। हमने यहाँ बाँस के आइटमों की जमकर ख़रीदारी की। सच कहूँ, तो त्रिपुरा मेरे दिल में बस गया। राजधानी अगरतला को छोड़कर जाने का कतई मन नहीं था। इतने दिनों पूर्वोत्तर में समय बिताने के बाद मुझे लगा कि हम भले ही उत्तर पूर्व के सातों राज्यों को

एक ही नज़र से देखते हैं, लेकिन ये सारे राज्य अपने आप में अलग अलग संस्कृति समेटे हैं। यह सारे ही राज्य अपने आप में प्राकृतिक संपदा से लेकर बेहतरीन सांस्कृतिक ख़ज़ाना समेटे हैं। हालाँकि यहाँ चुनिंदा टूरिस्ट ही आते हैं, लेकिन अब यहाँ पर्यटकों का आना जाना बढ़ा है। आख़िरकार अपने दिलों में पूर्वोत्तर की सुनहरी यादों को समेटे हम त्रिपुरा से सीधे पश्चिम बंगाल के लिये रवाना हुए।

सिटी ऑफ़ जॉय- कोलकाता की वो दिलचस्प शामें

किसी दौर में ब्रिटिश साम्राज्य की राजधानी रहा कोलकाता आज भी स्वयं में ब्रिटिश राज की ढेरों यादें सँजोये हुए है। कदम कदम पर किस्से कहानियों से भरा पड़ा यह सैकड़ों साल पुराना शहर इतना जीवंत है कि आपको ख़ुद बताता है कि किसी ज़माने में अंग्रेज पूरे भारत पर यहीं से राज किया करते थे। लंबे समय तक अंग्रेजी शासन का प्रमुख शहर होने का असर कोलकाता पर साफ़ नज़र आता है। यहाँ का विक्टोरिया मेमोरियल भारत में ब्रिटिश शासन के दौर की दास्ताँ कहता है। एकदम सफ़ेद रंग की यह ऐतिहासिक इमारत पहली मुलाक़ात में ही आपको नज़रें थाम कर खड़ा होने के लिये मजबूर कर देती है और आप वाह कहे बिना नहीं रह पाते। देश का बड़ा औद्योगिक शहर होने के कारण कोलकाता में फैक्टरियों में काम करने वाले मज़दूर भी यहाँ बहुतायत में नज़र आते हैं। देश का प्रमुख महानगर होने के नाते कोलकाता की सड़कों पर आपको हर वक़्त भारी भीड़ नज़र आती है। ख़ासकर सुबह और शाम के वक़्त लोग अपने कामधंधे के लिये बसों से लेकर ट्राम तक के ज़रिये जाते नज़र आते हैं। कोलकाता भारत के उन शहरों में है, जहाँ सबसे पुराने समय से मेट्रो ट्रेन चल रही है, तो यहाँ पर ट्राम भी चलती है। इसके अलावा फ़िल्मों में दिखाई देने वाले हाथरिक्शा भी कोलकाता की सड़कों पर कभी-कभी दिख जाता हैं।

दुर्गा-पूजा के लिये विश्व प्रसिद्ध इस नगर के दक्षिणेश्वरी और कालीघाट मंदिर मातृ-शक्ति के प्रति श्रद्धा के भाव से भर देते हैं। यूँ भारत में तमाम मंदिर हैं, लेकिन कोलकाता के बेहद प्रसिद्ध ये दोनों मंदिर आपको दर्शन के बाद एक अनूठा अहसास कराते हैं। कोलकाता की जीवन-रेखा हावड़ा ब्रिज पर असंख्य लोगों की भाग-दौड़ भरी ज़िंदगी को एक बार को आप ठिठककर देखते रह जाते हैं, तो पार्क स्ट्रीट की चाय, गपशप और रौनक आपको यहाँ से जाने नहीं देती। कोलकाता आकर अगर यहाँ की प्रसिद्ध

मिठाई संदेश का लुत्फ़ नहीं लिया, तो आपकी यात्रा को अधूरा माना जाता है। लगे हाथों हमने यहाँ के मशहूर रसगुल्लों और मिष्टी दोई पर भी हाथ साफ़ कर लिया। इसके अलावा तमाम स्ट्रीट मार्केट में मिल रही झालमूड़ी ने कई बार हमारा ज़ायका नमकीन किया। बेशक, स्वाद के मामले में यह शहर तमाम रंग अपने आप में समेटे हैं। यहाँ आपको टैक्सियाँ पीले रंग में रंगी नज़र आती हैं, तो पुलिसवाले सफ़ेद यूनिफॉर्म में ड्यूटी पर मुस्तैद नज़र आते हैं। यह कहना ग़लत नहीं होगा कि कई मायनों में कोलकाता भारत की सांस्कृतिक राजधानी और 'सिटी ऑफ जॉय' है। हमें लोकल लोगों ने बताया कि अगर आप सही मायनों में सिर्फ़ कोलकाता को ही एन्जॉय करना चाहते हैं, तो आपको यहाँ पर कम से कम एक हफ़्ते का वक़्त लेकर आना चाहिए, क्योंकि यहाँ पर देखने को इतना कुछ है कि कम समय में आप उसे एन्जॉय नहीं कर सकते। हमारी कोलकाता यात्रा की सबसे ख़ास बात यह रही कि यहाँ पर हमने गणतंत्र दिवस भी मनाया।

सुदूर द्वीप अंडमान- एक भारत ऐसा भी

कोलकाता में भव्य गणतंत्र दिवस परेड देखकर हम सीधे पहुँचे भारत के सुदूर पूर्व और दक्षिण में स्थित अंडमान-निकोबार द्वीप समूह। पोर्ट ब्लेयर एयरपोर्ट पर उतरते ही भारी गरमी और आर्द्रता का एहसास हुआ। भारत की मुख्य भूमि से काफ़ी दूर समुद्र में फैले यह द्वीप समूह रणनीतिक रूप से काफ़ी महत्वपूर्ण हैं। इसलिये यहाँ पर आर्मी, नेवी और एयरफ़ोर्स की संयुक्त कमान है। आज़ादी से पहले अंग्रेजों के राज के दौरान स्वतंत्रता सेनानियों का हौसला तोड़ने के लिये उन्हें काला पानी की सज़ा देकर अंडमान भेजा जाता था। अपने वतन से इतनी दूर उनके पास वतन वापसी का भी कोई रास्ता नहीं होता था। इसलिये अक्सर वे लोग यहीं पर दम तोड़ देते थे और उन्हें आख़िरी वक़्त में अपने वतन की मिट्टी भी नसीब नहीं होती थी। यहाँ की जेल में आज़ादी के मतवालों पर काफ़ी ज़ुल्म ढाए जाते थे। अब उस सेल्युलर जेल को संग्रहालय में तब्दील कर दिया गया है। जब आप इस जेल में बनी बैरकों में जाते हैं, तो एक बार को भारतीय स्वतंत्रता सेनानियों की चीख़ें आपके कानों में गूँजती महसूस होती हैं। यहाँ की काल कोठरियाँ देखकर उनके कष्टों का बस अंदाज़ा ही लगाया जा सकता है।

सेल्युलर जेल में शाम के वक़्त दिखाए गये लाइट एण्ड साउंड शो ने ब्रिटिश राज में क्रांतिकारियों को दी जानेवाली कालेपानी की सज़ा के ज़ुल्मो-सितम को जीवंत कर दिया। अंडमान में हमारा नौसेना और तटरक्षक बल यानी कि कोस्टगार्ड के साथ अटैचमेंट भी था। नौसेना के जहाज़ पर समुद्र में जाकर नौसेना की तत्परता और मुश्किलों को समझना रोमांचक था। इससे पहले समुद्र में मैंने सिर्फ़ छोटी बोट की ही सैर की थी, लेकिन नौसेना के जंगी जहाज़ पर बैठकर समुद्र में उतरने का अनुभव शब्दों में बयाँ नहीं किया जा सकता। एक बार को ऐसा लग रहा था कि हमारा जहाज़ समुद्र की छाती चीरता हुआ बढ़ा चला जा रहा है। इस दौरान नौसेना के अधिकारियों ने

हमें जहाज़ की कार्यप्रणाली के बारे में बताया और यह भी बताया कि किस तरह हमारी नौसेना दुश्मन की गतिविधियों पर नज़र रखती है। संयोग से उसी वक़्त बारिश आ गई और हमने बीच समुद्र में बारिश का मज़ा लिया। वापस आकर हमें नौसेना का बेस भी दिखाया गया। इसके बाद हम कोस्ट गार्ड के साथ अटैचमेंट के लिये गये। नौसेना युद्ध के समय भारत की जल सीमा की सुरक्षा करती है जबकि कोस्ट गार्ड सामान्य समय में देश की जल सीमाओं को सुरक्षित रखते हैं। कोस्ट गार्ड के अधिकारियों ने अटैचमेंट के दौरान हमें दिखाया कि किस तरह वे भारतीय तटों की निगरानी के काम में पूरी ऊर्जा के साथ तत्पर हैं। कोस्ट गार्ड के जवान नौकाओं और जहाज़ों से लेकर हेलिकॉप्टर और छोटे हवाई जहाज़ों के माध्यम से हर वक़्त भारत की समुद्री सीमा पर पैनी नज़र रखते हैं। अंडमान निकोबार द्वीप की भौगोलिक परिस्थितियों और जनजीवन को नज़दीक से समझने के लिये हम हैवलॉक द्वीप पर गये।

अंडमान में होने वाली स्कूबा डाइविंग के बारे में हमने काफ़ी सुना था। इसलिये हमने वहाँ स्कूबा डाइविंग करने की प्लानिंग पहले से कर ली थी। समुद्र ऊपर से देखने में जितना ख़ूबसूरत लगता है, उसके भीतर जाकर देखने पर उससे भी ज़्यादा ख़ूबसूरती नज़र आती है। स्कूबा डाइविंग में आपको प्रशिक्षित लोगों की निगरानी में ऑक्सीजन सिलेंडर की सहायता से समुद्र के भीतर ले जाया जाता है। एक बार को तो आपको ऐसा अहसास होता है कि आप एक मछली की तरह समुद्र की अतल गहराइयों में स्वछंद विचरण कर रहे हैं। समुद्र के भीतर के ख़ूबसूरत नज़ारे आपकी आँखों में हमेशा के लिये बस जाते हैं। ख़ासकर समुद्र के भीतर नज़र आने वाली रंगबिरंगी मछलियों के झुंड और वनस्पतियों को देखना काफ़ी दिलचस्प अनुभव था, जिसे मैं कभी नहीं भुला पाऊँगा। यहाँ स्थित राधानगर बीच को भारत के सबसे साफ़ बीचेज़ में से एक माना जाता है। काफ़ी दिनों से चल रही दौड़भाग के बीच थोड़ा समय निकालकर हमने राधानगर और काला पत्थर बीच पर मस्ती की

और समुद्र को नज़दीक से महसूस किया। समुद्र किनारे इतना समय बिताना काफ़ी दिलचस्प अनुभव रहा। यहाँ हमारा इतना मन लगा कि यहाँ से जाने का मन नहीं था। ख़ासकर राधानगर बीच तक स्कूटर की ड्राइव और दोनों ओर नारियल के पेड़ों से आती मीठी-मीठी हवा मैं कभी नहीं भूल सकता।

बेहद कम जनसंख्या वाला अंडमान-निकोबार द्वीप समूह कुछ मायनों में पूरे देश के लिये अनुकरणीय उदाहरण है। यहाँ सब तरफ़ परस्पर मैत्री का माहौल है, यहाँ पर कोई सांप्रदायिक या भाषाई तनाव नहीं है। ऐसी तमाम विशेषताएँ इस द्वीप समूह को विशिष्ट बनाती हैं। यहाँ की संपर्क भाषा हिंदी है और विविध भाषा-भाषी लोग परस्पर प्रेम से हिंदी का व्यवहार करते हैं। यहाँ के लोगों ने हमें बताया कि यहाँ पर कुछ ऐसी जनजातियाँ भी रहती हैं, जो अभी आधुनिक दुनिया के संपर्क में नहीं हैं। सरकार ने उनके संरक्षण के लिये विशेष इंतज़ाम किये हैं। इसलिये बाहरी लोगों को जनजातियों के इलाक़े में जाने की इजाज़त नहीं है। मन में यह विचार बाद तक रहा कि बीच समुद्र में फैला यह द्वीप समूह ख़ुद में अभी और न जाने कितने रहस्य समेटे होगा।

तमिलनाडु और पुदुचेरी
विरासत व आधुनिकता का संगम

अंडमान के बाद हमारा अगला पड़ाव था दक्षिण भारत। तमिलनाडु की राजधानी और देश के प्रमुख औद्योगिक नगरों में से एक चेन्नई पहुँच कर बड़ा ही अच्छा महसूस हुआ। अंग्रेजों के समय से भारत का एक बड़ा शहर रहा चेन्नई एक ख़ूबसूरत और सांस्कृतिक रूप से बेहद समृद्ध शहर है। ख़ासकर यहाँ की सड़कें, खाना-पीना और ख़ुद की विरासत को सँजोने की प्रवृति प्रशंसनीय भी है और अनुकरणीय भी। यहाँ हमने शहर के तमाम दर्शनीय स्थलों का भम्रण किया इनमें राजकीय संग्रहालय और कोर्ट म्यूजियम, मरीना बीच और विवेकानंद हाउस, कपालीश्वर और पार्थसारथी मंदिर मुख्य थे। मरीना बीच पर मस्ती करते शहरवासियों को देखकर मैंने इस शहर के लोगों की सदाशयता को महसूस किया, तो बीच पर बेहद कम दामों में बिक रहे इडली साँभर और वड़ा खाकर हमने यहाँ का ज़ायका भी लिया। यहाँ आप महज़ एक रुपए में इडली का मज़ा ले सकते हैं। वहीं यहाँ के संग्रहालयों से लेकर मंदिरों तक में प्राचीन भारतीय विरासत को सुरक्षित देखकर मुझे लगा कि हमारी विरासत सुरक्षित हाथों में है। अभी तक मैंने तमिलनाडु के बारे में सिर्फ़ सुना था, लेकिन वहाँ की ऐतिहासिक-सांस्कृतिक विरासत का मैं साक्षी भी बन गया। मैं दावे के साथ कह सकता हूँ कि अगर आपको वाक़ई मंदिरों की स्थापत्य कला देखनी है तो दक्षिण आ जायें। यहाँ का जनजीवन भी उत्तर के राज्यों के मुक़ाबले मुझे काफ़ी अलग महसूस हुआ।

यहाँ महिलाओं ने साड़ी के साथ गज़रा पहनकर विशुद्ध भारतीय परिधान पहने हुए थे, लेकिन इसका मतलब यह नहीं कि वे किसी मामले में पीछे हों। सुबह के वक़्त जितने पुरुष काम पर जाते नज़र आते, उतनी ही महिलाएँ भी कंधे से कंधा मिलाकर अपने काम पर जाती नज़र आतीं। ज़्यादातर लोग सुबह सवेरे घरों या मंदिरों से पूजा करके ही निकलते हैं, जिसके प्रतीक

स्वरूप उनके माथे पर दक्षिण भारतीय शैली का टीका नज़र आता है। तक़रीबन सभी महिलाओं ने सोने के काफ़ी आभूषण पहने हुए थे। आंकड़ों की अगर मानें, तो दक्षिण के राज्यों में सोने की खपत काफ़ी ज़्यादा होती है। यहाँ की महिलाओं को न सिर्फ़ सोने के गहने ख़रीदना पसंद है, बल्कि वे उन्हें रोज़ाना पहनना भी पसंद करती हैं। जबकि उत्तर के राज्यों में महिलाएँ किसी ख़ास मौके पर ही सोने के गहने पहने नज़र आती हैं।

चेन्नई एक पुराना और बड़ा शहर होने के साथ पुराना औद्योगिक सेंटर भी है। यहाँ हमने प्राइवेट सेक्टर की बड़ी ऑटो कंपनियों अशोक लीलैंड और टी.वी.एस. के परिसरों का भी भ्रमण किया। इस दौरान हमने जाना कि किस प्रकार बड़े बड़े ट्रकों से लेकर छोटे स्कूटरों तक का यहाँ निर्माण होता है और उन्हें फिर हमारे इस्तेमाल के लिये बाज़ारों में भेजा जाता है। बड़ी बड़ी मशीनों द्वारा इतने बड़े वाहनों का निर्माण होते देखना दिलचस्प था। यहाँ हमें सेंट्रल लेदर रिसर्च इंस्टीव्यूट भी ले जाया गया। यहाँ चमड़े पर रिसर्च की जाती है। इस दौरान हमें चमड़े से जुड़ी तमाम नई जानकारियाँ पाने का मौका मिला।

रही बात दक्षिण भारतीय भोजन की, तो मैं दक्षिण भारतीय थाली का बड़ा शौकीन हूँ और पूरे दक्षिण प्रवास में मैंने एक बार भी नॉर्थ इंडियन भोजन की माँग नहीं की। वहाँ मैं सुबह नाश्ते से लेकर दोपहर और रात के खाने तक बस उपमा, उत्तपम, डोसा, इडली और वड़ा का ही लुत्फ़ लिया करता था। इसके अलावा मैंने पोंगल से लेकर केले के पत्ते पर पारंपरिक दक्षिण भारतीय थाली तक का आनंद लिया। इसमें मिली चटनियों ने वाक़ई हम सबका ज़ायका बना दिया। खाने के बाद ज़ोरदार फिल्टर कॉफ़ी ना पी जाये, तो आपका मज़ा अधूरा रह जायेगा। साउथ की यात्रा के दौरान सूजी से बनने वाले रवा हलवा और दूध से बनने वाली पायसम का मज़ा ज़रुर लें।

इसके बाद हमने रुख़ किया चेन्नई के नज़दीक स्थित केंद्रशासित प्रदेश पुदुचेरी का। जब भारत का ज़्यादातर हिस्सा अंग्रेजों के अधीन था, उस वक़्त फ्राँसिसियों ने पुदुचेरी और पुर्तगालियों ने गोवा में अपना ठिकाना बना लिया

था। यही वजह है कि जहाँ गोवा में अब भी पुर्तगाल की झलक नज़र आती है। वहीं पुदुचेरी के बारे में कहा जाता है कि आप अगर फ्राँस नहीं जा रहे, तो पुदुचेरी हो आइए यकीन मानिये आपको लगेगा कि आप फ्राँस हो आये हैं। गोवा को भारत में शामिल कराने के लिये भारत को जहाँ बल प्रयोग करना पड़ा था, वहीं पुदुचेरी का विलय भारत में शांतिपूर्वक हो गया था। भारत को 1947 में अंग्रेजों से आज़ादी मिलने के बाद पुदुचेरी के निवासियों ने भी भारत में शामिल होने की माँग की। उसके बाद यहाँ लोकल बॉडीज़ के चुनाव में पुदुचेरी को भारत का हिस्सा बनाने का प्रस्ताव पारित हुआ और पुदुचेरी का भारत में विलय हो गया।

पुदुचेरी चेन्नई के काफ़ी नज़दीक है, लेकिन दोनों शहरों के रहन सहन में काफ़ी फर्क है। चेन्नई में जहाँ दक्षिण भारतीय संस्कृति का अहसास होता है, वहीं पुदुचेरी के मकानों का आर्किटेक्चर देखकर आपको लगेगा कि आप विदेश आ गये हैं। यहाँ हमने अरविंदो आश्रम देखा, जिसकी स्थापना श्रीअरविंद ने की थी। यहाँ जाकर आपको एक असीम शांति का अहसास होता है। अगर आप शहरी ज़िंदगी से परेशान हो गये हैं, तो एक ब्रेक के लिये यहाँ आना बहुत अच्छा ऑप्शन हो सकता है। समुद्र के किनारे बसे पुदुचेरी के बीच बेहद ख़ूबसूरत और साफ़ सुथरे हैं। यहाँ पर फ्राँसिसियों के ज़माने का बना लाइट हाउस आपको उस दौर की याद दिलाता है, जब आधुनिक तकनीक के अभाव में पानी जहाज़ों को इन लाइट हाउसों का ही सहारा था। आज भले ही ये लाइट हाउस सिर्फ़ विरासत बनकर रह गये हों, लेकिन एक दौर में उन्होंने ना जाने कितने जहाज़ों को इस अनंत समुद्र में रास्ता दिखाया है। 19वीं शताब्दी में बना यह लाइट हाउस आज भी समुद्र के किनारे सीना ताने खड़ा है। इसके अलावा पुदुचेरी में आपको लाइन से बनी फ्राँसीसी शैली की इमारतें बार बार यही अहसास कराती हैं कि आप भारत में नहीं यूरोप के किसी शहर में टहल रहे हैं। फ्राँसीसी शैली में बने यहाँ के चर्च भी बेहद ख़ूबसूरत लगते हैं। पुदुचेरी आने से पहले हमें इस शहर ने इतना आकर्षित नहीं किया था, लेकिन आने के बाद यह इतना पसंद आया कि यहाँ से जाने का दिल नहीं कर रहा था।

अपने तय कार्यक्रम के मुताबिक अगले दिन हमने मामल्लापुरम का रुख़ किया, जिसे कि महाबलीपुरम के रूप में जाना जाता है। पल्लव राजाओं के काल में महत्वपूर्ण बंदरगाह शहर रहा महाबलीपुरम अब अपनी विरासत के चलते यूनेस्को द्वारा घोषित विश्व विरासत है। इस शहर का नाम मामल्लापुरम मशहूर पल्लव राजा नरसिंहवर्मन प्रथम के नाम पर पड़ा, जिन्हें मामल्ला भी कहा जाता था। अपने मंदिरों के लिये प्रसिद्ध इस शहर में आपको रथों और मंडपों के रूप में बने मंदिरों के दर्शन होंगे। यहाँ का प्रसिद्ध शोर (तट) मंदिर भगवान शिव को समर्पित है। ब्रिटिश राज के दौरान इस शहर को आधुनिक रूप में बसाया गया। यहाँ के मंदिरों का भ्रमण करने के बाद आपको अहसास होगा कि यह शहर अपने आप में हज़ारों सालों की ऐतिहासिक विरासत समेटे है। खुदाई के दौरान यहाँ पर हज़ारों साल पुराने इतिहास के प्रमाण मिल चुके हैं, लेकिन यहाँ की विरासत देखकर आपको लगेगा कि अभी हम यहाँ के इतिहास का सिर्फ़ एक हिस्सा ही खोज पाये हैं। महाबलीपुरम में हज़ारों साल पुराने इतिहास की गाथाओं से रूबरू होने के बाद हमने दोबारा चेन्नई की ओर प्रस्थान किया।

भारत की आईटी कैपिटल : बेंगलुरु

भारत के सुदूर दक्षिणी राज्य तमिलनाडु से हमने दक्षिण भारत के एक और राज्य कर्नाटक की राह पकड़ी। देश के सबसे विकसित शहरों में से एक कनार्टक की राजधानी बेंगलुरु आई.टी. कंपनियों का बड़ा हब बन चुका है। अब तो कई दूसरे देशों से भारत यात्रा पर आने वाले राष्ट्राध्यक्ष भी भारत की सिलिकॉन वैली कहे जाने वाले बेंगलुरु जाना जरूर पसंद करते हैं। हालाँकि देशभर के लोगों के रोज़गार के सिलसिले में इस शहर का रुख़ करने से इस शहर की जनसंख्या काफ़ी बढ़ गई है, जिसके चलते यहाँ की सड़कों पर लगने वाला ट्रैफिक जाम बेंगलुरु की एक बड़ी समस्या बन गया है। बावजूद इसके बेंगलुरु शहर काफ़ी सुव्यवस्थित और आकर्षक है। कर्नाटक राज्य की सबसे बड़ी ख़ासियत आधुनिकता एवं परंपरा का दोनों का संगम होना है। यही वजह है कि यहाँ पर एक ओर आपको बड़ी बड़ी कंपनियों के दफ़्तर दिख जायेंगे, तो दूसरी ओर तमाम प्राचीन मंदिरों में भी काफ़ी भीड़ नज़र आयेगी। ख़ासकर बेंगलुरु में देश की बड़ी आईटी कंपनियों के हेडक्वार्टर देशभर के युवाओं को आकर्षित करते हैं। बेंगलुरु में हमने विज्ञान प्रौद्योगिकी संग्रहालय देखा और विज्ञान व प्रौद्योगिकी से जुड़ी तमाम चीज़ों को देखा।

इसके अलावा हमने यहाँ के प्रसिद्ध लालबाग बोटैनिकल गार्डन की भी सैर की। इसकी सबसे बड़ी ख़ासियत यहाँ मौजूद ग्लास हाउस है। सैकड़ों साल पुराने इस पार्क को मैसूर रियासत के शासक हैदर अली ने बनवाना शुरू किया था, लेकिन इसे पूरा उसके बेटे टीपू सुल्तान ने कराया। उसके बाद भारत में रहने वाले कई ब्रिटिश सुपरिटेंडेंट ने गार्डन की ख़ूबसूरती बढ़ाने में अपना योगदान दिया। अपनी तरह के अनोखे इस गार्डन में आपको कई विशिष्ट प्रजातियों के पक्षियों के अलावा कई ऐसे पौधे भी देखने को मिलेंगे, जो आपको कहीं ओर नहीं मिलेंगे। यूँ तो कर्नाटक में बेहतरीन स्थापत्य कला

वाली तमाम इमारतें हैं, लेकिन कर्नाटक विधानसभा भवन के स्थापत्य को देखकर कोई भी रोमांचित हो सकता है। हमने विधानसभा परिसर का भ्रमण किया। यह भवन बाहर से जितना ख़ूबसूरत है, भीतर से भी उतना ही शानदार है। ख़ासकर विधान भवन के मुख्य द्वार पर उत्कीर्ण वाक्य 'Government work is God's work' शासकीय सेवा में प्रतिबद्धता की प्रेरणा देता है। इसके बाद हम पहुँचे सुप्रसिद्ध अक्षय पात्र फाऊंडेशन का अवलोकन करने। महाभारत में भगवान श्रीकृष्ण द्वारा द्रौपदी को प्रदत्त अक्षय पात्र की परिकल्पना पर आधारित इस एनजीओ की मदद से देश के कई राज्यों के विद्यालयों में मिड डे मील प्रदान किया जाता है। हमने यहाँ पर देश भर में मिड डे मील कार्यान्वयन में उनकी निस्वार्थ भूमिका को समझा। हमने 'जनाग्रह सेंटर फॉर सिटीजनशिप एण्ड डेमोक्रेसी' और नारायण हृदयालय परिसर का भी दौरा किया। ख़ासकर डॉक्टर देवी शेट्टी द्वारा स्थापित नारायण हृदयालय जाने का अनुभव बेहद ख़ास रहा। अब नारायण हेल्थ के नाम जाना जाने वाला यह सुपरस्पेशलिटी हॉस्पिटल देशभर के रोगियों के लिये आशा का केंद्र है। हालाँकि अब इसके केंद्र देशभर में खुल गये हैं।

अगर बेंगलुरु आकर यहाँ के स्पेशल मैसूर मसाला डोसा और मैसूर पाक की चर्चा नहीं की जाये, तो यहाँ की यात्रा अधूरी ही कही जायेगी। हमने भी रात के वक़्त डिनर में मैसूर मसाला डोसा का लुत्फ़ लिया। हालाँकि हम कर्नाटक के एक और ख़ूबसूरत शहर मैसूर नहीं जा पाये, लेकिन हमने बेंगलुरु में ही वहाँ के व्यजंनों- मैसूर मसाला डोसा और प्रसिद्ध मैसूर पाक का मज़ा लिया। शुद्ध देसी घी और बेसन से बना मैसूर पाक तो मुझे इतना पसंद आया कि मैंने घर के लिये पैक भी करवा लिया।

जुड़वा शहर- हैदराबाद और सिकंदराबाद

इसके बाद बेंगलुरु से हम पहुँचे दक्षिण भारत के एक और मेट्रोपोलिटन शहर हैदराबाद। देश के बड़े शहरों में शामिल होने के कारण मेरे मन में हैदराबाद की छवि एक चमक दमक वाले शहर की थी, लेकिन मुझे यह देखकर हैरानी हुई कि यहाँ पर चमक दमक के साथ हरियाली भी भरपूर है। दूर तक फैले पेड़ आँखों को तो सुकून देते ही हैं, बल्कि शहर की आबोहवा को भी साफ़ रखते हैं। हैदराबाद के बारे में कम जानकारी रखने वालों को बता दूँ कि हैदराबाद से मिला हुआ ही इसका जुड़वाँ शहर कहलाने वाला सिकंदराबाद भी है। रात के वक़्त हुसैन सागर झील के बीचोंबीच से दर्शकों को आशीष देते बुद्ध बहुत अच्छे लग रहे थे। भारत ही नहीं दुनिया के सबसे अमीर लोगों में से एक माने जाने वाले निज़ाम की नगरी कहे जाने वाले हैदराबाद के भारत में विलय की कहानी भी दिलचस्प है। दरअसल, निज़ाम हैदराबाद को पाकिस्तान में मिलाना चाहते थे, लेकिन चारों ओर भारतीय भूमि से घिरे होने के कारण यह उनके लिये संभव नहीं था। आख़िरकार भारत के प्रथम गृह मंत्री सरदार वल्लभ भाई पटेल की योजनानुसार भारत ने हैदराबाद को भारत में शामिल कराया। हैदराबाद आकर अगर आपने चारमीनार के बाज़ार की रौनक नहीं देखी, तो कुछ नहीं देखा। चारमीनार आज भी आपको बीते ज़माने की याद दिलाता है। रात के वक़्त यहाँ पर काफ़ी अच्छा बाज़ार लगता है।

ख़ासकर हैदराबाद में मोतियों के बने आभूषण काफ़ी प्रसिद्ध हैं। चारमीनार इलाक़े में आपको मोती के आभूषणों की तमाम दुकानें मिलेंगी, जहाँ पर पूरी गारंटी के साथ आभूषण बेचे जाते हैं। वहीं सड़क के किनारे मोती के सस्ते आभूषण बेचने वाले तमाम लोग भी वहाँ पर मौजूद रहते हैं। मेरे एक साथी ने बताया कि हैदराबाद में कराची बेकरी के फ्रूट बिस्किट काफ़ी प्रसिद्ध होते हैं। हमने कराची बेकरी जाकर बिस्किट खाये, तो वाकई

उनका स्वाद एकदम अलग था। यहाँ पर फ्रूट बिस्किट के अलावा कई दूसरी वैरायटी के बिस्किट भी मिलते हैं। हमें बताया गया कि इस प्रसिद्ध बेकरी की स्थापना देश की आज़ादी के कुछ सालों बाद की गई थी, जिसके बिस्किट आज देश विदेश में प्रसिद्ध हैं। रात के वक़्त हम सबने हैदराबाद के प्रसिद्ध डोसा का मज़ा लिया। मेरे साथियों ने हैदराबादी बिरयानी पर भी हाथ साफ़ किया। मेरे साथियों ने बताया कि मसालेदार मिर्च का सालन और गन पाउडर के साथ बिरयानी का मज़ा ही अलग था। वैसे तो आजकल बिरयानी भारत के तमाम शहरों में मिलने लगी है, लेकिन हैदराबादी बिरयानी की बात ही कुछ और है। बिरयानी बेचने वाले दुकानदार ने बताया कि यहाँ आने वाले पर्यटक लौटते वक़्त बिरयानी पैक कराकर भी ले जाते हैं। इसके लिये दुकानदारों ने पैकिंग के ख़ास इंतज़ाम किये हुए हैं। देश के प्रमुख मेट्रो सिटीज़ में से एक होने के कारण आपको हैदराबाद में मूल निवासियों के अलावा देशभर से रोज़गार की तलाश में आये लोग मिलेंगे, तो आईटी कंपनियों में काम करने वाले पेशेवर भी। हैदराबाद राष्ट्रीय पुलिस अकादमी के लिये भी जाना जाता है। हम सबने भी इस दौरान भारतीय पुलिस सेवा के अधिकारियों की ट्रेनिंग अकादमी का दौरा किया। यहाँ आईपीएस अधिकारियों की ट्रेनिंग के बारे में जानने का मौका मिला, तो हमने यह भी देखा कि उन्हें कितने कठिन प्रशिक्षण से गुज़रना पड़ता है।

फ़िल्मों में रूचि रखने वाले लोगों को शायद पता होगा कि मुंबई की फ़िल्म सिटी की तरह हैदराबाद में भी रामोजी फ़िल्म सिटी है, जहाँ बाहुबली जैसी भव्य फ़िल्मों का निर्माण हुआ है। इसके अलावा यहाँ किसी को भी हैरान कर देने वाले एम्यूज़मेंट पार्क भी हैं। हम लोगों ने भी रामोजी फ़िल्म सिटी जाकर वहाँ की अविश्वसनीय दुनिया घूमने का मन बनाया था, लेकिन समय के अभाव के कारण हम ऐसा नहीं कर पाये।

इसके बाद नंबर था भारत भ्रमण के एक और महत्वपूर्ण अंग वायुसेना अटैचमेंट का। पिछले दिनों थलसेना और जलसेना के अटैचमेंट के दौरान हमें काफ़ी दिलचस्प अनुभव हुए थे, लेकिन वायुसेना को लेकर मेरे मन में बचपन

से ही जानने की इच्छा थी। हमने कॉलेज ऑफ एयर वॉरफेयर, नेविगेशन ट्रेनिंग स्कूल और भव्य वायुसेना अकादमी का भ्रमण कर सिमुलेटर, नाइट विजन, ऐरो मेडिसिन, विमानों की उड़ान और संचालन के कंट्रोल को समझा। अभी तक हमने गणतंत्र दिवस परेड में ही भारतीय वायुसेना के विमानों को आसमान पर तिरंगा बनाते देखा था, लेकिन यहाँ हमें विमानों के बेहद नज़दीक जाने का मौका मिला। हमें वायुसेना के अधिकारियों ने विमानों की संचालन गतिविधियों और मारक क्षमताओं से भी रूबरू कराया। यहाँ आकर हमें पता लगा कि वायुसेना में विमान उड़ाने वाले पायलटों के अलावा उनकी देखभाल करने वाले और उन्हें उड़ान के संकेत देने वाले ग्राउंड ड्यूटी स्टाफ की भी महत्वपूर्ण भूमिका होती है। वायुसेना का अटैचमेंट करने के बाद लगा कि 'Touch the sky with glory' के मंत्र के साथ भारतीय वायुसेना ऊँचाइयों की ओर निरंतर बढ़ रही है। यहाँ हमने सी.एस.आई.आर. के केंद्र 'सेंटर ऑफ सेल्युलर एण्ड मॉलियुलर बायोलॉजी' परिसर का भी अध्ययन व भ्रमण किया।

दक्षिण से मध्य भारत की ओर

एक अत्याधुनिक शहर हैदराबाद के बाद हम तेलंगाना के दूसरे पड़ाव भद्राचलम (खम्मम) पहुँचे। भगवान श्रीराम के वन-गमन मार्ग का प्रमुख स्थल भद्राचलम काफ़ी बड़ा तीर्थ माना जाता है। हमने यहाँ पर दिव्य और भव्य मंदिर के दर्शन किये, तो लगा कि एक बार को हम भी त्रेता युग में पहुँच गये हैं, जब ख़ुद भगवान श्रीराम माता जानकी और भाई लक्ष्मण के साथ साक्षात यहाँ पधारे। खम्मम में हमारा मंदिर ट्रस्ट प्रबंधन का अटैचमेंट भी था। यहाँ आकर हमने जाना कि मंदिर ट्रस्ट का प्रबंधन भी अपने आप में बेहद चुनौतीपूर्ण कार्य है। अगले दिन दोबारा मंदिर के दर्शन के साथ-साथ हम श्रीराम, लक्ष्मण, सीता के वन-गमन की स्मृतियों की साक्षी पर्णशाला भी गये। मंदिर के नज़दीक बिक रहे बेहद ख़ूबसूरत लकड़ी के स्मृतिचिन्ह इतने अच्छे लग रहे थे कि मैं कुछ स्मृति चिन्ह ख़रीदने से ख़ुद को नहीं रोक पाया।

यहाँ हमें एक और अविस्मरणीय अनुभव करने का मौका मिला। वह था सिंगरेनी की कोयला खानों में भीतर जाकर कोयला खनन की प्रक्रिया को समझना। इस तरह हमें एक बार फिर कोयला खनन की प्रक्रिया से रूबरू होने का मौका मिला। आपको बता दूँ कि खम्मम ज़िला नक्सल प्रभावित ज़िला है। यहाँ भी हमने जनजातीय क्षेत्रों में जाकर शिक्षा एवं स्वास्थ्य के प्रयास देखे और ग्रामीण महिलाओं व छात्राओं से बातचीत भी की। उन्होंने हमारे साथ अपने दिलचस्प अनुभव साझा किये।

दक्षिण भारत की इस अविस्मरणीय यात्रा के बाद हम महाराष्ट्र स्थित संतरों के शहर नागपुर पहुँचे। यहाँ स्थित दीक्षाभूमि काफ़ी प्रसिद्ध है, जहाँ संविधान निर्माता डॉक्टर भीमराव अंबेडकर ने अपने ढेरों समर्थकों के साथ बौद्ध धर्म की दीक्षा ली थी। यहाँ डॉक्टर अंबेडकर से जुड़ी तमाम यादों को संजोया गया है। बेहद ख़ूबसूरत बनी दीक्षाभूमि पर साथियों के साथ यादगार के तौर पर कुछ फोटोज़ खिंचाने के बाद हमने कुछ समय यहाँ के कल्चर को

समझने के लिये लोकल बाज़ारों में बिताया। नागपुर शहर अपने ख़ास किस्म के तरी पोहा के लिये भी मशहूर है। हमने इसका ज़ायका लिया। इसका ज़ायका मध्य प्रदेश और महाराष्ट्र के दूसरे इलाक़ों में मिलने वाले पोहे से अलग था। नागपुर में आईआरएस ऑफिसर्स की ट्रेनिंग एकेडमी भी है। हालाँकि हम वहाँ नहीं जा पाये, लेकिन हमारे आने की सूचना पाकर कुछ साथी ज़रुर गेस्ट हाउस में हमसे मिलने आ गये। नागपुर में हमने MIHAN और MOIL (मैगनीज ओर इंडिया लि.) भ्रमण के माध्यम से औद्योगिक विकास की कहानी समझी।

इसके पश्चात हम मध्य प्रदेश के छिंदवाड़ा पहुँचे। यहाँ हमें नवगठित नगर निगम की कार्य-प्रणाली समझने का मौका मिला। बतौर सिविल सेवा अधिकारी अपनी सेवा शुरू करने से पहले नगर निगम की कार्यप्रणाली समझना और यहाँ के जन-प्रतिनिधियों से चर्चा करने का अनुभव हमें बहुत कुछ सिखा गया। मध्य प्रदेश के इस इलाक़े पर, महाराष्ट्र के नज़दीक होने के कारण उसका काफ़ी प्रभाव दिखाई पड़ता है।

देश का दिल दिल्ली

यहाँ से हम पहुँचे भारत की राजधानी दिल्ली। देश का दिल कहे जाने वाली दिल्ली में यूँ तो देखने के लिये इतना कुछ है कि आपको कई दिन भी कम पड़ेंगे। लेकिन तय कार्यक्रम के तहत हमें राष्ट्रीय सुरक्षा गार्ड (NSG) और राष्ट्रीय आपदा मोचन बल (NDRF) के मुख्यालयों में ले जाया गया। यहाँ जाकर हमने देखा कि किस तरह एनएसजी देश के दुश्मनों से हर वक़्त निपटने के लिये तैयार रहती है और एनडीआरएफ के सदस्य प्राकृतिक आपदाओं के दौरान लोगों को बचाने के लिये। मुझे इन दोनों ही बलों के हमेशा तैयार रहने वाला सिस्टम काफ़ी अच्छा लगा। इसी व्यवस्था के कारण ये बल देश में आतंकवाद से लेकर प्राकृतिक आपदाओं तक पर समय से काबू पा लेते हैं। इसके अलावा हमने नैशनल म्यूजियम का भी भ्रमण किया। भारत देश यूँ तो अपने आप में तमाम विरासत सहेजे है, लेकिन राष्ट्रीय संग्रहालय में हमारी प्राचीन विरासत को सुरक्षित तरीक़े से सहेजा गया है। संग्रहालय में विचरण के दौरान प्राचीन से लेकर मध्य काल तक की मूर्तियाँ ऐसी लगती हैं, जैसे आपसे अभी बातें करने लगेंगी। वर्तमान में रहते हुए अतीत की यात्रा का अवसर बेहद सुखद था।

बीच में मिले एक दिन के ब्रेक का फ़ायदा हमने देश की प्रमुख ऐतिहासिक विरासत लाल किला देखकर उठाया। सैकड़ों साल पहले बना लाल किला आज भी उतनी ही मज़बूती से खड़ा है। मुगलों से लेकर अंग्रेजों तक के शासनकाल का गवाह रहा लाल किला आज भी इतिहास की गवाही देता है। लाल किले के म्यूजियम में तमाम ऐतिहासिक चीज़ें देखने के अलावा हमने किले में स्थिति दीवाने आम और दीवाने ख़ास देखे, जहाँ मुगल बादशाह अपने दरबार लगाते थे। इसके अलावा हमने वह जगह भी देखी, जहाँ ऐतिहासिक तख्ते ताउस रखा था। कोहिनूर समेत तमाम क़ीमती रत्नों से सज़ा तख्ते ताउस अब भारत में नहीं है। काफ़ी बड़े एरिया में फैले होने के कारण लाल किला

देखकर हम थक गये थे। इसलिये हमने उसके सामने स्थित दिल्ली के मशहूर मार्केट चाँदनी चौक का रुख़ किया। मशहूर पराँठे वाली गली में हमने तरह तरह के पराँठों का मज़ा लिया। इसके अलावा यहाँ जलेबी से लेकर विभिन्न तरह के लजीज़ समोसे भी मिलते हैं। चाँदनी चौक आकर अगर आपने नटराज के गोलगप्पे और ज्ञानी की कुल्फी नहीं खाई, तो आपकी यात्रा अधूरी मानी जायेगी। यहाँ के लोगों ने बताया कि चाँदनी चौक में इलाक़े की पुरानी गलियों में खाने पीने के कई ऐसे ठिये हैं, जिनका ज़ायका लाजवाब है, लेकिन समय की कमी होने के कारण हम गेस्ट हाउस लौट आये।

अगले दिन हमें भारत की संसद के दोनों सदनों- लोकसभा और राज्यसभा में जाने और वहाँ की कार्यप्रणाली समझने का मौका मिला। इस दौरान हमें एक स्पेशल कोर्स के माध्यम से संसदीय कार्यप्रणाली की जानकारी दी गई। हमें संसद परिसर में ही माननीय प्रधानमंत्री जी से भी मिलने का अवसर प्राप्त हुआ और उनके साथ ग्रुप फोटो खिंचाने का मौका मिला। इसके बाद वह मौका आया, जिसका हमें शुरुआत से ही इंतज़ार था। वह था राष्ट्रपति भवन जाकर भारत के माननीय राष्ट्रपति जी से मिलने का। राष्ट्रपति भवन के बारे में हम सबने ही सुना है और इसे बाहर से देखा भी है लेकिन हममें से ज़्यादातर का राष्ट्रपति भवन के भीतर जाने का यह पहला ही मौका था। आज़ादी से पहले अंग्रेज वायसराय के निवास के तौर पर बनाए गये इस 200 से ज़्यादा कमरों वाले निवास स्थान को आज़ादी के बाद भारत के राष्ट्रपति के निवास स्थान के रूप में तब्दील कर दिया गया। इसके गार्डन को मुगल गार्डन कहा जाता है, जिसे मार्च के महीने में आम लोगों के लिये खोला जाता है। अरावली की पहाड़ियों पर बसा यह भवन बाहर से जितना शानदार दिखता है, भीतर से उससे भी ज़्यादा भव्य है। दूर-दूर तक सफ़ेद लकदक मार्बल की चमक बिखेरते राष्ट्रपति भवन के भीतर हम लोगों ने माननीय राष्ट्रपति महोदय को अपना परिचय दिया और उनके साथ ग्रुप फोटो भी हुआ।

इस दो महीने के भारत-दर्शन के बारे में अगर मैं यह कहूँ कि यह मेरे जीवन का सबसे यादगार समय था, तो अतिशयोक्ति न होगी। ज़िंदगी में बहुत सारी चीज़ें पहली बार हुई हैं। इस दौरान न केवल तमाम नये सबक़ सीखे, बल्कि हमारी चेतना, भाव-बोध और संवेदना का विस्तार भी हुआ। जीवन को लेकर हमारे नज़रिये में परिपक्वता आई और देश की विविधता में एकता की संस्कृति की जीवंतता हमेशा-हमेशा के लिये दिल में बस गई। इस्माइल मेरठी ने क्या ख़ूब कहा है—

सैर कर दुनिया की गाफ़िल, ज़िंदगानी फिर कहाँ,
ज़िंदगानी गर रही तो, नौजवानी फिर कहाँ।

भाग - ग

राजस्थान दर्शन

मानसून में राजस्थान का सफ़र

अपने पूरे भारत दर्शन के दौरान मैंने कई राज्य घूमे, लेकिन मन में एक कसक बाक़ी रह गई थी कि मैंने भारत का वह राज्य राजस्थान तो देखा ही नहीं जहाँ देश और विदेश से सबसे ज़्यादा टूरिस्ट आते हैं। जहाँ के महल, किले, सफारी और रेगिस्तान दुनियाभर में मशहूर हैं। वैसे भी यह भारतीय प्रशासनिक सेवा में मेरा कैडर भी है। जब राजस्थान का नाम मेरी भारत दर्शन की लिस्ट में नहीं आया, तो मैंने यही सोच कर संतोष कर लिया था कि अब पूरी ज़िंदगी राजस्थान में ही रहना है, तो इस अनोखे प्रदेश में घूमना तो अपने आप ही हो जायेगा। लेकिन मुझे क्या पता था कि अगर मैं राजस्थान देखने के लिये उतावला हूँ, तो राजस्थान भी मुझे उतनी ही शिद्दत से पुकार रहा है। इसलिये मुझे भारत दर्शन से लौटने के कुछ ही महीनों बाद करीब- करीब पूरा राजस्थान घूमने का मौका मिल गया। दरअसल, भारत दर्शन के बाद कुछ वक़्त मसूरी स्थित अकादमी में बिताकर हमें प्रैक्टिकल ट्रेनिंग के लिये अपने कैडर वाले राज्य में भेजा जाता है। मुझे राजस्थान कैडर अलॉट होने के कारण मैंने अपने सात साथी ट्रेनी अफसरों के साथ राज्य की राजधानी जयपुर में स्थित राज्य के प्रशासनिक अधिकारियों की ट्रेनिंग अकादमी में रिपोर्ट किया। कुछ अरसे तक वहाँ पर हमें राज्य से जुड़े कुछ कानूनों की पढ़ाई कराई गई।

उसके बाद हमें बताया गया कि अब राजस्थान राज्य को समझने के लिये हमें राजस्थान के स्टडी टूर पर भेजा जायेगा। इसमें हम राजस्थान काडर वाले आठों सिविल सेवा अधिकारी हिस्सा लेंगे। मुझे तो मानो मुँहमाँगी मुराद मिल गई। उसी दौरान मेरी एक राजस्थान के रहने वाले साथी अधिकारी से वार्ता हुई, तो उसने बताया कि वैसे तो गर्म राज्य होने के चलते राजस्थान घूमने का सही समय सर्दियों का माना जाता है। लेकिन यह बात कम ही लोग जानते हैं कि बारिश के मौसम में राजस्थान घूमने का मज़ा ही कुछ और है।

सर्दी के मौसम में भारत दर्शन के बाद अब बारिश के मौसम में हम राजस्थान कैडर के आठ प्रशिक्षु आईएएस अधिकारी सड़क मार्ग से एक टेंपो ट्रैवलर से अठारह दिन के यादगार सफ़र 'राजस्थान-दर्शन' पर रवाना हुए। हमारे बड़े-बड़े बैग देखकर हमारे ड्राइवर ने कहा कि सामान के इतने बड़े-बड़े बैग भारतीय पर्यटक ही रखते हैं वरना विदेशी यात्री काफ़ी कम सामान के साथ यात्रा करना पसंद करते हैं।

कितना कुछ समेटे है बीकानेर

ख़ैर, हमारे ड्राइवर के इस मासूम, पर दिलचस्प व्यंग्य के साथ हमने राजस्थान की राजधानी जयपुर से मारवाड़ इलाक़े के बड़े शहर बीकानेर की राह पकड़ी। जयपुर जहाँ पूरी तरह मैदानी इलाक़े में स्थित है, वहीं बीकानेर के रेगिस्तान के नज़दीक होने चलते रास्ते में लैंडस्केप धीरे-धीरे बदलता है। गौर करने वाली बात यह थी कि रास्ते में उगने वाले पेड़ पौधे भी बदलते नज़र आ रहे थे। रेगिस्तान नज़दीक आते आते सड़क के दोनों ओर ऐसे पौधे ज़्यादा नज़र आने लगे थे, जो कम पानी में भी जी जाते हैं। मैदानी इलाक़ों में इस तरह के पौधे कम नज़र आते हैं। राजस्थान में एक शहर से दूसरे शहर के बीच दूरियाँ काफ़ी ज़्यादा हैं। लेकिन ज़्यादा दूरी होने पर भी सड़कें अच्छी होने के कारण ये दूरियाँ कम हो जाती हैं। रास्ते में कुछ ब्रेक लेते हुए करीब आधे दिन का सफ़र करके हम बीकानेर पहुँच गये। बीकानेर का सर्किट हाउस बहुत ख़ूबसूरत बना हुआ है और यहाँ की लीगेसी का एहसास देता है। अगले दिन सुबह सबसे पहले उठकर हम लालगढ़ किला देखने पहुँचे।

लालगढ़ किला बीकानेर के राजपरिवार का नया किला है, जिसके एक हिस्से में वे ख़ुद रहते भी हैं। लालगढ़ किला परिसर में ही बेहद ख़ूबसूरत लक्ष्मी निवास महल भी है। लालगढ़ किला बीकानेर के राजवंश की कीर्ति की कहानी बख़ूबी बयाँ करता है। यहाँ एक स्वर्ण-मंडित कमरा भी है, जिसकी दीवारों पर सोने की नक्काशी की गई है। यहाँ की भव्यता देखकर आपको बीते ज़माने के राजे रजवाड़ों की यादें ताज़ा हो जायेंगी। ख़ासकर महलों में इतनी बेहतरीन नक्काशी और कलाकारी की गई है, जो कि सैंकड़ों साल बाद भी जीवंत लगती है। इसकी देखभाल के लिये राजपरिवार ने महल के एक हिस्से को अपने रहने के लिये रखकर बाक़ी हिस्से को होटल में तब्दील कर दिया है। राजस्थान समेत देशभर के राजपरिवारों के महलों की देखभाल हेतु यह मॉडल सफलतापूर्वक काम कर रहा है जहाँ राजपरिवारों ने अपने महलों के कुछ हिस्सों को अपने रहने के लिये रखकर बाक़ी को होटल में तब्दील

कर दिया है या फिर कुछ टिकट रखकर पब्लिक के देखने के लिये म्यूजियम बना दिया है।

इसके बाद हम बीकानेर के पुराने किले जूनागढ़ गये। आप नाम से भ्रमित ना हों, क्योंकि गुज़राज में भी जूनागढ़ नाम का एक शहर है। लेकिन इस किले का उस शहर से कोई संबंध नहीं है। जब हमने अपने गाइड से इस बारे में सवाल किया, तो उन्होंने बताया कि जूना का मतलब नया होता है। इस शहर की स्थापना के बाद यहाँ पर इस नये किले का निर्माण किया गया था, इसलिये इसे जूनागढ़ का नाम दिया गया। वरना राजस्थान के कई शहरों में ऐसे किले भी हैं, जिन्हें प्राचीन काल के किसी पुराने किले के आसपास बनाया गया है। सन् 1488 में स्थापित बीकानेर शहर के इस किले को कोई शत्रु कभी जीत नहीं सका है। बेहद विशाल इस किले को घूमने के लिये आपको कई घंटों का समय चाहिए। हमारे गाइड ने बताया कि इस किले की सुरक्षा के लिये उस वक़्त विशिष्ट इंतज़ाम किये गये थे। किले की एंट्री पर एक संकरी गैलरी बनाई गई है, जिससे कि एक बार में एक ही दुश्मन किले में प्रवेश कर सके और भीतर के लोग उससे आसानी से निपट सकें। इसके अलावा किले में कई गुप्त सुंरगें और रास्ते भी हैं। बेहद शानदार और भव्य नज़र आ रहे जूनागढ़ किले में स्थित फूल महल, बादल महल और दरबार हाल इसकी शान हैं। किले के महलों में घूमते हुए गाइड ने हमें तमाम महलों के बारे रोचक जानकारियाँ दीं।

किले के म्यूजियम में हमने रियासतकालीन दौर के हथियारों को देखा, जिनके दम पर राजस्थान के वीर दुश्मनों से लोहा लिया करते थे। इनमें तीर तलवार से लेकर तरह तरह की बंदूकें शामिल थीं। हमें किले में बीकानेर के राजाओं की संपत्ति रहे क़ीमती बर्तन और कलाकृतियाँ भी देखने का मौका मिला। यह सब इतना भव्य था कि उन्हें देखकर आज भी कोई दांतों तले उंगली दबा ले। बीकानेर का जूनागढ़ किला अपने आप में इतना कुछ समेटे था कि इसके एक हॉल में हमें छोटा हवाई जहाज़ भी रखा दिखा। जब हमने इस बात पर हैरानी जताई कि आख़िरकार यह इस हॉल में कैसे पहुँचा होगा, तो हमारे गाइड ने बताया कि इस जहाज़ को यहाँ लाने के लिये ख़ासतौर

पर एक रास्ता बनाया गया है। इसके अलावा भी संग्रहालय में ढेरों विरासतें मौजूद हैं, जिनमें बीकानेर के राजाओं के तमाम निजी सामान भी हैं, जिन्हें अब आम लोगों के देखने के लिये रख दिया गया है।

ख़ास बात यह है कि अब से सैकड़ों साल पहले बने इस किले के महलों में विदेशों से लाकर लगाई गईं टाइलें और काँच अभी भी उतने ही ख़ूबसूरत लगते हैं। यहाँ के लोगों ने अपनी विरासत को बख़ूबी सहेज कर रखा है। जहाँ मरम्मत या सुधार की ज़रूरत है वहाँ अभी भी काम चल रहा था। हमें बताया गया कि किले में कहीं ना कहीं हर वक़्त मरम्मत की ज़रूरत होती है। इसके लिये ख़ासतौर पर कुछ कर्मचारी तैनात हैं, जो इन चीज़ों का ख़्याल रखते हैं। किले में बने बादल महल का कंसेप्ट हमें काफ़ी दिलचस्प लगा। हमारे साथ मौजूद गाइड ने बताया कि रेगिस्तानी इलाक़ा होने की वजह से बीकानेर में बारिश बहुत कम होती है। इसलिये जब कभी अचानक बरसात होती, तो राजपरिवार के बच्चे डर जाते थे। ऐसे में, उनका डर दूर करने के लिये ख़ासतौर से एक महल बनवाया गया, जिसमें बादल, बिजली और बरसात का वास्तविक चित्रण करके राजपरिवार के बच्चों को बारिश के लिये मानसिक रूप से तैयार किया जाता। इसी का नाम बादल महल रखा गया।

अगर आप कभी बीकानेर जायें, तो यहाँ के राज्य अभिलेखागार (स्टेट आर्काइव्ज) को ज़रुर देखें। अपनी विरासत और ऐतिहासिक दस्तावेजों को कैसे सहेजा व सँजोया जाये, बेशक यह राजस्थान से सीखा जा सकता है। यहाँ के तमाम शहरों में स्थित राज्य संग्रहालयों में इतिहास को बख़ूबी संजोया गया है। बीकानेर आर्काइव्ज देश के सबसे अच्छे आर्काइव्ज में से एक है। यहाँ पर हमें बीकानेर और राजस्थान के इतिहास से जुड़ी तमाम जानकारियाँ मिलीं। इनमें इस शहर की स्थापना से लेकर अंग्रेजों के समय और आज़ादी के समय तक के तमाम दस्तावेज़ मौजूद थे। दोपहर तक महल किला और म्यूजियम देखने के बाद हम काफ़ी थक गये थे। बावजूद इसके शाम के वक़्त थोड़ा तरोताज़ा होने की चाहत में हम घूमते-फिरते जेल रोड पहुँचे। यहाँ हमने चुन्नीलाल तँवर का मशहूर शरबत पिया। इस दुकान पर आपको न जाने कितनी किस्म के शर्बत मिलेंगे। इसका अंदाज़ा इसी बात से

लगाया जा सकता है कि आप बस किसी चीज़ का नाम लीजिए और उसका शर्बत आपके सामने हाज़िर होगा। टेस्ट के लिये हमने बेला (जेस्मिन), सफ़ेद गुलाब और सूखे धनिये का शरबत पिया। आपने भले ही अभी तक बस खाने में ही धनिये का इस्तेमाल किया हो, लेकिन यहाँ उसके शर्बत का ज़ायका काफ़ी ज़बरदस्त था।

बीकानेरी भुजिया का नाम तो सबने सुना होगा। इसलिये शर्बत पीकर हम पहुँच गये पुराने बीकानेर की दुकानों पर जहाँ बीकानेरी भुजिया का अविष्कार हुआ और अब यह न सिर्फ़ देश बल्कि दुनिया भर में मशहूर हो गई है। देश के दूसरे शहरों के पुराने इलाक़ों की तरह बीकानेर के पुराने शहर के बाज़ार में भी काफ़ी भीड़भाड़ थी। हमने यहाँ भुजिया के अलावा और भी तमाम नमकीनों की वैरायटी चखी। इसके लिये दुकानदार ने बाक़ायदा टेस्टिंग काउंटर बनाया हुआ है, जहाँ आप ढेरों तरह की नमकीन चख सकते हैं। मैं दावे के साथ कह सकता हूँ कि अगर आपने दुकान पर मौजूद हरेक किस्म की नमकीन चखने की कोशिश की, तो हो सकता है कि उस दिन आपको डिनर भी करने की ज़रुरत महसूस ना हो, क्योंकि वहाँ पर सैकड़ों तरह की नमकीनें उपलब्ध हैं। ख़ैर हमने बीकानेर की मशहूर भुजिया ख़रीदी।

तभी मेरे साथी की नज़र बराबर वाली दुकान पर सजे सफ़ेद रसगुल्लों पर चली गई। हमने बराबर वाली मिठाई की दुकान का रुख़ किया, तो वहाँ पर मिठाई की ढेरों वैरायटी देखकर हमारे मुँह में पानी आ गया। दुकानदार ने हमें बताया कि यहाँ पर भुजिया के अलावा सफ़ेद रसगुल्ले भी काफ़ी प्रसिद्ध हैं। हमने सफ़ेद रसगुल्लों के साथ कई नये किस्म की मिठाइयों का भी लुत्फ़ लिया। बीकानेर की प्रसिद्ध केसरिया फेनी इतनी बढ़िया थी कि इसे आप दूध में डालकर और बिना दूध के दोनों तरीक़ों से खा सकते हैं। बीकानेर आकर अगर यहाँ के प्रसिद्ध समोसों का स्वाद नहीं लिया, तो आप काफ़ी कुछ मिस कर देंगे। इसलिये हमने भी लगे हाथों कढ़ाई से उतर रहे गर्मागर्म मसालेदार समोसों का ज़ायका लिया। बेशक हमारी जीभ को एक अलग ही तरह का समोसे का स्वाद मिला, जो कि इससे पहले हमने कभी नहीं खाया था।

बीकानेर शहर के पुराने हिस्से में कुछ पुरानी हवेलियाँ हैं। इनमें आप रामपुरिया हवेली ज़रुर देखें। इतनी बड़ी, इतनी सुंदर और इतनी भव्य; मुझे इन विराट् हवेलियों को देखकर यूरोप के पुराने शहरों के कलात्मक भवनों की याद आ गई। मिक्स भारतीय और इंग्लिश स्टाइल में बनी इस हवेली को देखकर आपको इंग्लिश और भारतीय कलाशैली की याद आयेगी। जानकारों ने हमें बताया कि रियासतकाल के दौरान राजा जहाँ महलों और किलों में रहते थे। वहीं शहर के अमीर लोग भी अपने लिये ख़ूबसूरत हवेलियों का निर्माण कराते थे। उसी दौर में इस रामपुरिया हवेली का निर्माण कराया गया था, जो आज भी उतनी ही ख़ूबसूरत लगती है। रामपुरिया हवेली असल में सात हवेलियों का एक समूह है। इसकी दीवारों पर की गई नक़्क़ाशी और पेंटिंग की रौनक इतने सालों बाद भी बरकरार है।

इसके बाद हमने रुख़ किया बीकानेर के प्रसिद्ध भांडाशाह जैन मंदिर का। कहा जाता है कि इसका निर्माण कराने वाले सेठ भांडाशाह के पास इतना पैसा था कि उन्होंने मंदिर की नींव में निर्माण सामग्री के साथ पानी की जगह देशी घी का इस्तेमाल किया। हालाँकि इसे किवदंती ही माना जाता है, लेकिन मंदिर में मौजूद लोगों ने हमें दिखाया कि कैसे आज भी फर्श की दरारों में से घी ऊपर आ जाता है। तीन मंज़िला इस मंदिर में की गई कलाकारी आपको दांतों तले उंगली दबाने पर मजबूर कर सकती है। यहाँ पत्थर पर इतनी बारीक कलाकारी की गई है कि कई बार तो आपको उसके लकड़ी होने का भ्रम हो जाता है। सैकड़ों साल पहले किये गये इस भव्य निर्माण को देखने के बाद हम पहुँचे बीकानेर के बेहद प्रसिद्ध कैमल फॉर्म पर। हमें बताया गया कि यह एशिया में अपनी तरह का अकेला कैमल फॉर्म एण्ड रिसर्च सेंटर है, जहाँ ऊँटों पर तमाम तरह की रिसर्च की जाती हैं। मैदानी इलाक़े का वासी होने के चलते मैंने अभी तक ऊँट के बारे में सिर्फ़ सुना या पढ़ा ही था कि ऊँट को रेगिस्तान का जहाज़ कहा जाता है, क्योंकि वह कम पानी में भी रेगिस्तान में यात्रा कर सकता है। इसके अलावा कभी कभार मेलों या धार्मिक यात्राओं में मेरा ऊँट से साबका पड़ा था।

लेकिन यहाँ इतने बड़े इलाक़े में फैले रिसर्च सेंटर में तरह के ऊँट देखकर मेरा मन बाग बाग हो गया। यहाँ पर मौजूद विशेषज्ञों ने हमें बताया कि यहाँ

पर काले, भूरे और सफ़ेद तीन तरह के ऊँट पाये जाते हैं। सामान्यतः हम भूरे रंग के ऊँट देखते हैं। लेकिन सफ़ेद ऊँट का रंग भूरेपन में थोड़ी सफ़ेदी लिये होता है। जबकि काला ऊँट थोड़ा और ज़्यादा भूरा होता है। उन्होंने हमें ऊँट के छोटे बच्चों से लेकर बड़े साइज तक के ऊँट दिखाये और उनके बारे में तमाम दिलचस्प जानकारियाँ दीं। एक जगह बीमार ऊँटों का बाड़ा भी था। कैमल फॉर्म घूमने के बाद हम वहाँ की गैलरी में पहुँचे, तो वहाँ पर ऊँटों से जुड़ी तमाम चीज़ों की प्रदर्शनी लगी हुई थी। वहाँ ऊँटों से जुड़ी तमाम दिलचस्प चीज़ें देखने के बाद हम कैंटीन पहुँचे, तो वहाँ ऊँटनी के दूध से बनी आइसक्रीम से लेकर कॉफी और मिठाई तक बिक्री के लिये उपलब्ध थी। हमने इन सब चीज़ों का टेस्ट लिया, जो कि सामान्य गाय भैंस के दूध से अलग लगा। हमें बताया गया कि ऊँटनी का दूध काफ़ी पौष्टिक होता है और कई बीमारियों में भी फ़ायदेमंद होता है। हालाँकि यह रेगिस्तानी इलाक़ों में ही उपलब्ध होता है। कैमल फॉर्म पर इतने सारे ऊँट होने के चलते रोज़ाना सुबह शाम उनका दूध दुह कर मुख्य गेट पर स्थित बिक्री काउँटर पर आम लोगों को ख़रीदने के लिये उपलब्ध होता है।

इसके बाद गाड़ी पहुँची देशनोक क़स्बे में स्थित करणी माता के विश्वप्रसिद्ध मंदिर। शायद अपनी तरह के इकलौते और अनोखे चूहों वाले मंदिर के बारे में आप सबने सुना होगा। बाहर से तो यह मंदिर दूसरे किसी सामान्य बड़े मंदिर की तरह ही था, लेकिन इस मंदिर के भीतर कदम रखते ही चारों ओर चूहे-ही-चूहे देखकर हम भी हैरान रह गये। इन चूहों को मंदिर में 'काबा' कहते हैं। ख़ास बात यह है कि ये चूहे न तो मंदिर के बाहर जाते हैं और न ही बाहर के चूहे अंदर आते हैं। मंदिर में दर्शन के लिये जाते वक़्त आपको डर रहता है कि कहीं आपका पैर किसी चूहे पर ना पड़ जाये, लेकिन ऐसा होता नहीं है। अमूमन ये चूहे सुस्ताते रहते हैं और किसी को कोई नुक़सान भी नहीं पहुँचाते। पुजारी ने हमें बताया कि यहाँ चार-पाँच सफ़ेद चूहे भी हैं, जिनका दिख जाना बहुत शुभ माना जाता है। यहाँ पर देवी के दर्शन के साथ लोग चूहों के खाने पीने के लिये भी सामान लाते हैं। कुल मिलाकर इस मंदिर के दर्शन करना अपनी तरह का अनोखा अनुभव था।

शानदार शहर है ब्लू सिटी जोधपुर

बीकानेर की यात्रा ख़त्म करके हमने अपने अगले पड़ाव जोधपुर का रुख़ किया। रास्ते में नोखा होते हुए हमने नागौर में खाना खाया। मानसून के मौसम के चलते कहीं कहीं हमारा बारिश से भी सामना हो रहा था और पूरे रास्ते में हरियाली की कोई कमी नहीं। मुझे लगता है कि हममें से ज़्यादातर लोग आम तौर पर पूरे राजस्थान को ही रेतीला राज्य समझ लेते हैं, जबकि यहाँ के ज़्यादातर ज़िलों में रेत का नामोनिशान नहीं है। रेगिस्तान यहाँ सिर्फ़ मारवाड़ के कुछ ज़िलों में ही है। उनमें भी रेगिस्तान शहर से काफ़ी दूरी पर स्थित है। जोधपुर और बीकानेर जैसे रेगिस्तान के नज़दीक बसे शहरों में घूमने पर आपको रेगिस्तान जैसा कोई अहसास नहीं होगा। रास्ते भर हरियाली और बारिश का मज़ा लेते हुए हम राजस्थान का ब्लू सिटी कहलाने वाले शहर जोधपुर पहुँचे। जिस प्रकार पुराने जयपुर को पिंक सिटी कहा जाता है और वहाँ पर मकानों पर पिंक (गेरुआ) रंग रंगा दिखता है, उसी तरह यहाँ भी शहर के पुराने हिस्से के कुछ मकान ब्लू कलर से रंगे हुए हैं। ख़ासकर किले से खड़े होकर देखने पर यह नज़ारा बेहद दिलचस्प लगता है। जोधपुर पहुँचकर अगले दिन हमने सबसे पहले यहाँ का प्रसिद्ध मेहरानगढ़ का किला देखा। सन् 1459 में बने इस किले में आख़िरी बार निर्माण सन् 1808 में हुआ था। अमूमन किलों में घूमते वक़्त आपको काफ़ी चलना पड़ता है और चढ़ाई भी चढ़नी पड़ती है, जिससे कि लोगों को काफ़ी थकावट हो जाती है। पर्यटकों की सहूलियत के लिये मेहरानगढ़ किले में लिफ्ट लगाई गई है, जो कि पल भर में आपको किले में 15 मंज़िल ऊपर पहुँचा देती है। सीधे किले के शीर्ष भाग से नीचे उतरना शुरू करके आप आसानी से पूरा किला देख सकते हैं। किले में जय पोल, फतह पोल समेत सात गेट हैं।

किले के शीर्ष से ब्लू सिटी का विहंगम दृश्य बहुत आकर्षक लगता है। जिस तरह जयपुर में नाहरगढ़ के किले से पूरा शहर गुलाबी दिखता है, वैसे ही मेहरानगढ़ के किले से पूरा शहर नीला। इस किले के शिखर पर तोपें प्रदर्शित हैं, जो इस किले के गौरवशाली अतीत की गवाही देती हैं। यह विशाल किला हिंदू-मुस्लिम कला का मिश्रण प्रतीत होता है। यहाँ के म्यूजियम में अहमदाबाद से लाई गई स्वर्ण पालकी और अकबर की तलवार बेहद ख़ास है। तकरीबन हर ज़िले में किलों और महलों की विरासत संजोने वाले राज्य राजस्थान की यह बहुत बड़ी ख़ासियत है कि यहाँ आप जिस भी नये शहर में जाते हैं, वहाँ का किला पहले किसी ज़िले में देखे गये किले से ज़्यादा सुंदर लगता है और आपको नये ढंग से विस्मित करता है। मेहरानगढ़ किले के नज़दीक ही बेहद ख़ूबसूरत जसवंत थड़ा स्थित है। सफ़ेद मार्बल की बेहद सुंदर इमारत जसवंत थड़ा का निर्माण जोधपुर रियासत के राजाओं के समाधि स्थल के तौर पर करवाया गया। यहाँ जोधपुर रियासत के तमाम राजाओं की स्मृतियों को सहेजा गया है। उनकी याद में छतरियों का भी निर्माण किया गया है। यहाँ से निकल कर हम हम उम्मेद भवन पैलेस पहुँचे, जिसे भारत का सबसे महँगा होटल माना जाता है। बीसवीं सदी में बना यह विशालतम आवासीय भवन जोधपुर के वर्तमान महाराजा का निवास है और साथ में होटल भी है। यहाँ आपको राजसी वैभव का एहसास होता है। इस महल के एक हिस्से को आम पर्यटकों के लिये म्यूजियम में तब्दील कर दिया गया है। यहाँ पर आकर लोगों को इस ख़ूबसूरत महल से जुड़ी तमाम जानकारियाँ मिलती हैं।

मैंने जोधपुर की जूतियों और मिर्ची बड़े के बारे में काफ़ी सुना था। इसलिये हम शाम को पुराने जोधपुर के बाज़ार में घूमने पहुँच गये। हमारे साथ मौजूद एक स्थानीय प्रतिनिधि ने सबसे पहले हमें घंटाघर इलाक़े के पास मौजूद एक मशहूर चटपटे मिर्ची बड़ों की दुकान के बारे में बताया। वहाँ से हमने चाय के साथ मिर्ची बड़ों और दाल कचौड़ी का मज़ा लिया। इसके बाद

हम पहुँचे जोधपुरी जूतियों की तलाश में। पुराने बाज़ार की पतली गलियों में दोनों ओर जूतियों की दुकानें लगी हुई थीं। एक दुकान से हमने तरह तरह की कलात्मक जूतियाँ ख़रीदीं। हालाँकि सुना तो मैंने जोधपुरी सूट कहलाने वाले बंद गले के सूट के बारे में बहुत था, लेकिन समय की कमी के चलते मेरी यह ख़्वाहिश पूरी नहीं हो पाई।

रेगिस्तान में बसा जैसलमेर

अगली सुबह हम जोधपुर से जैसलमेर के लिये रवाना हुए। हमारा पहला पड़ाव ओसिया था। यह ओसवाल जाति के लोगों का मूल स्थान माना जाता है। 2500 साल पुराना माना जाने वाला यह मंदिर कॉम्पलेक्स चार संप्रदायों- शैव, वैष्णव, शाक्त और जैन को समर्पित है। पत्थर से निर्मित इस मंदिर में चूने का प्रयोग नहीं है। पूरे ओसिया नगर में मंदिर के चारों ओर लाल पत्थर के हरिहर मंदिर आदि अनेक प्राचीन मंदिर हैं। इस प्राचीन विरासत के दर्शन करने के बाद हम वहाँ से रामदेवरा की ओर रवाना हुए। राजस्थान में सड़के काफी अच्छी होने के कारण सड़क मार्ग से सफ़र करना आरामदायक और सुरक्षित लगता है। सड़क मार्ग से यात्रा करना आसपास के भूगोल और लोक जीवन की झलक पाने का भी भरपूर अवसर देता है। रामदेवरा और पोकरण से पहले धूल भरे बादल दिखने लगे थे। धूल भरी आँधियाँ आना यहाँ आम बात हैं। वैसे तो पूरे राजस्थान की सड़कों पर ट्रैफिक अपेक्षाकृत कम ही है, लेकिन पश्चिमी राजस्थान की ओर बढ़ने पर यह और भी ज़्यादा कम होता जाता है।

थोड़ी देर पश्चात हम पंद्रहवीं सदी के आध्यात्मिक गुरु बाबा रामदेव की समाधि रामदेवरा पहुँचे। बाबा रामदेव ने अपने समय में छुआछूत और जातिप्रथा के विरुद्ध आवाज़ उठाई थी। यहाँ स्थित तालाब रामसरोवर हमेशा कुछ दिनों में ही सूख जाता है। हर साल भादो के महीने में यहाँ बड़ा मेला लगता है। मंदिर के पास सभी दुकानों पर कपड़े के सजे-धजे घोड़े मिल रहे थे। यहाँ थोड़े विश्राम और समाधि के दर्शन के बाद हम आगे बढ़े तो रास्ते में बूँदाबाँदी होने लगी। कुछ देर सफ़र के बाद हम एक अनूठे स्थान भादरियाजी पहुँचे। यहाँ एक विशाल पुस्तकालय और 25,000 गौवंश की एक विशाल गौशाला थी। यहाँ थारपार नस्ल की गायें भी थीं, जो 50 डिग्री और -2 डिग्री दोनों में दूध दे सकती हैं। गौशाला में जब कर्मचारियों ने गायों

को पुकारा तो गायें रँभाती हुई दौड़कर आने लगीं, मानो भगवान श्रीकृष्ण की नारायणी सेना हो। यहाँ माता का मंदिर भी है। बीसवीं सदी के अंत में यहाँ पंजाबी मूल के एक संत हरबंस सिंहजी निर्मल (भादरियाजी महाराज) पधारे। उनका विजन था कि बेसहारा गायों का भी संरक्षण हो। बाबाजी मिलनेवालों को भरपूर लस्सी पिलाते थे। इसलिये आज भी यहाँ आनेवाले भक्तों को लस्सी पिलाई जाती है। यहाँ का खाना (यहाँ 'प्रसाद' कहते हैं) इतना स्वादिष्ट था कि मानो अमृत चख रहे हों।

रास्ते में कुछ स्थानों के नाम बड़े दिलचस्प थे। 'बाप', 'चाचा' और 'लाठी' नाम के स्थानों से होते हुए हम राजस्थान के सबसे बड़े ज़िले जैसलमेर पहुँचे। मज़े की बात यह रही कि बीकानेर, जोधपुर और यहाँ तक कि जैसलमेर जैसे रेगिस्तानी ज़िले में भी, हमारे पहुँचने पर भरपूर बारिश हुई। पीले पत्थर की इमारतों का शहर होने की वजह से जैसलमेर को 'गोल्डन सिटी' कहा जाता है। इसके अलावा इसे 'झरोखों का नगर' भी कहते हैं। यहाँ की पटवा हवेली मशहूर है, जो उन्नीसवीं सदी में बनी थी। बीकानेर की रामपुरिया हवेली की तरह यह पटवा हवेली भी यहाँ के अमीर सेठों का निवास स्थान रही है। फ़िलहाल इसे आम लोगों के लिये म्यूज़ियम का रूप दे दिया गया है। लोग यहाँ सेठ लोगों द्वारा इस्तेमाल की गई पुराने ज़माने की चीज़ें देखते हैं। इसके अलावा इनका इस्तेमाल राजसी अंदाज़ वाले समारोह के लिये भी किया जाता है। जैसलमेर में हमने सैंडस्टोन नाम का ख़ास पत्थर देखा, जिसे आधा घंटा पानी में रखो तो वह लकड़ी जैसा मुलायम हो जाता है। यहाँ के जैन मंदिर भी मशहूर हैं, जिन्हें देखकर आपको दिलवाड़ा के जैन मंदिरों की याद आ जायेगी। किले के अंदर मौजूद ये मंदिर पीले स्टोन के बने हुए हैं। इनकी कलाकारी ज़बर्दस्त थी। जैसलमेर के किले से गोल्डन सिटी का विहंगम दृश्य नज़र आता है।

जैसलमेर के किले की सबसे बड़ी ख़ासियत यह है कि राजस्थान के दूसरे किलों की तरह यह उजाड़ नहीं है। इस किले के अंदर काफ़ी लोग आज भी

रहते हैं। इस किले में बाक़ायदा लोगों के घरों से लेकर बाज़ार तक बसे हुए हैं। यहाँ हमने एक ख़ास बात देखी कि यहाँ घरों के बाहर शादी के निमंत्रण बाक़ायदा पेंट किये गये थे। इसके बारे में पूछने पर हमारे गाइड ने बताया कि जैसलमेर से बाहर बस गये यहाँ के निवासी भी अपने बच्चों की शादियाँ करने के लिये यहाँ आते हैं। ऐसे में, कई बार एक ही दिन अगल बगल के घरों में भी शादियाँ हो जाती हैं। मेहमानों को शादी वाले सही घर का पता ढूंढ़ने में परेशानी ना हो, इसलिये घरों के बाहर शादियों के निमंत्रण पेंट किये जाते हैं। इसके अलावा किले में हमने म्यूजियम भी देखा, जहाँ पर जैसलमेर के राजाओं के सिंहासन और उनसे जुड़ी चीज़ें रखी हुई थीं।

किले के बाद हम प्रसिद्ध कुलधरा गाँव गये। कुलधरा नाम का ये उजड़ा गाँव जैसलमेर की स्थापना के वक़्त से ही विद्यमान था और व्यवसाय का बड़ा केंद्र था। सैकड़ों साल पहले पालीवाल ब्राह्मण कुलधर जाति के लोग यह गाँव छोड़कर पाली की ओर चले गये। उसके बाद से यह अब तक नहीं बसा है। हमने यहाँ एक तत्कालीन घर की संरचना भी देखी। हालाँकि अब सरकार की ओर से इस जगह को पर्यटकों के लिये विकसित किया गया है। यहाँ बहुत सारी बावड़ियाँ हैं। 80 फीट गहरा सीढ़ियों वाला एक कुआँ है। सार्वजनिक स्थानों पर एक छोटा सा स्तंभ होता था, जिसे 'गोवर्धन' कहा जाता था।

उसी रात हम 'सम' नामक एक जगह गये, जहाँ रेत के टीलों से हमारा पहला साक्षात्कार हुआ। किसी भी प्राकृतिक संरचना के बारे में स्कूल-कॉलेज की किताबों में कितना भी पढ़ो, पर उससे रू-बरू होने के एहसास की तुलना मुश्किल है। दूर-दूर तक फैले लाल-लाल रेत के अंतहीन टीले और उन पर हाल ही में हुई बारिश का नूर कुल मिलाकर यह नज़ारा अद्भुत था। सजे-धजे ऊँटों का काफिला ऊँचे-नीचे टीलों से चढ़ता-उतरता हिलता-डुलता निकलता तो उसका रोमांच महसूस करना एक अलग ही आनंद देता। हम लोग सैंड ड्यूंस में काफ़ी आगे निकल गये। यहाँ 'सम' में कुछ सालों पहले ही यह ऊँट की सवारी शुरू की गई। इसका भी हमने लुत्फ़ लिया। रात के वक़्त

वहाँ पर कल्चरल प्रोग्राम देखने का मौका मिला। राजस्थानी लोकगीतों पर वहाँ के लोक नर्तकों ने समाँ बाँध दिया। उन्हें देखकर मुझे लगा कि हमारे देश में प्रतिभा की कोई कमी नहीं है। ज़रुरत बस उसे सही मंच प्रदान करने की है। दूर दूर तक फैली रेत के बीच रात के वक़्त राजस्थानी थीम पर आयोजित सांस्कृतिक कार्यक्रम देखने का अपना ही अलग आनंद था।

राजस्थान का इकलौता हिल स्टेशन माउंट आबू

अगले दिन सुबह हम जैसलमेर से बाड़मेर के लिये रवाना हुए। इस रेतीले इलाक़े में जगह-जगह ऊँची-नीची सड़कें आती हैं, जिनकी चढ़ाई-उतराई से होकर गुज़रने का अलग ही रोमांच है। रेल मार्ग या वायु मार्ग में आप यह आनंद नहीं उठा सकते। भला सड़क किनारे चरती काली-सफ़ेद भेड़-बकरियों के झुंड और किस मार्ग से यात्रा करने पर दिखेंगे! सड़क के दोनों ओर ऊँची-ऊँची पवन चक्कियाँ भला किसको नहीं लुभाएँगी। बाड़मेर पहुँचने के कुछ पहले यहाँ भी बारिश शुरू हो गई। अभी तक हम जहाँ भी गये, वहाँ बारिश हुई ही है। ऐसा लग रहा था कि मानों मानसून लगातार हमारा पीछा कर रहा था।

बाड़मेर एक क़स्बानुमा लेकिन विकसित शहर है। यहाँ लोगों की ज़िंदगी में शहरीपन कम और क़स्बाई असर ज़्यादा है। शहरों जैसी रफ्तार भरी ज़िंदगी नहीं है यहाँ। हमने यहाँ ठहरी हुई ज़िंदगी को तसल्ली से देखा। शाम के वक़्त हमने बाज़ारों का भी जायज़ा लिया। पर्यटन स्थल के तौर पर बाड़मेर के पास 'किराडू' काफ़ी प्रसिद्ध है, जिसे 'राजस्थान का खजुराहो' कहा जाता है। हम वहाँ पहुँचे, तो वाक़ई वहाँ के ख़ूबसूरत नक्काशीदार मंदिर देखकर तबीयत ख़ुश हो गई। रेगिस्तान के पास वीराने में इतने ख़ूबसूरत मंदिर देखने का अहसास वाक़ई अलग था। बाड़मेर से हम सीधे माउंट आबू के लिये रवाना हुए। हमने रास्ते भर यह भी पाया कि दुकानों के नाम देवी-देवताओं के नाम पर थे—बालाजी, करणी माता, बाबा रामदेव, हनुमान जी आदि। यह राजस्थान के लोगों के धर्म के प्रति गहरे रुझान को दर्शाता है। रास्ते में राजस्थान के सीमावर्ती ज़िले जालोर के सांचोर और रानीवाड़ा होते हुए हम आबू रोड पहुँचे।

आबू रोड पहुँचने के घंटा भर पहले ही ख़ूबसूरत हरियाली से झाँकते पहाड़ देख यह अंदाज़ा लगाना मुश्किल था कि हम राजस्थान में हैं या

मेघालय जैसे किसी पहाड़ी राज्य में। झमाझम बारिश ने माहौल को और भी मनभावन व रूमानी बना दिया था। आबू रोड से माउंट आबू की 27 कि.मी. की चढ़ाई भी स्वयं में अविस्मरणीय अनुभव था। इस चढ़ाई ने हम ट्रेनी अधिकारियों को मसूरी स्थित लाल बहादुर शास्त्री अकादमी के ट्रेनिंग के दिनों की याद दिला दी। हल्की-हल्की बारिश और चटख हरियाली के बीच सफ़ेद धुएँ में सिमटी पहाड़ियों का अद्भुत नज़ारा कम-से-कम अरावली में अनपेक्षित-सा है। आबू पर्वत में राजस्थान और गुज़रात दोनों राज्य सरकारों के सर्किट हाउस हैं। माउंट आबू गुज़रातियों का फेवरिट डेस्टिनेशन भी है। यहाँ गुज़राती में साइन बोर्ड और गुज़राती में बतियाते पर्यटक ख़ूब मिलते हैं। शाम को हम पैदल टहलते हुए नक्की झील पहुँचे। नक्की झील के चारों ओर पैदल टहलकर यहाँ के सौंदर्य को निहारा जा सकता है। मार्केट में मेले जैसा माहौल रहता है। ख़ासकर यहाँ झील के किनारे चाय के साथ पोहा, वड़ा पाव और दाबेली खाने का मज़ा ही कुछ और है। हमने यहाँ बोटिंग भी की। शाम के वक़्त इस बेहद शांत झील में बोटिंग करते चारों ओर की पहाड़ियाँ बेहद दिलचस्प लग रही थीं।

अगली सुबह हम विश्व-प्रसिद्ध दिलवाड़ा के जैन मंदिरों के दर्शन हेतु गये। ग्यारहवीं सदी में विमलशाह द्वारा निर्मित ये मंदिर भारतीय कला और संस्कृति का अद्भुत स्मारक हैं। सफ़ेद संगमरमर से बने इस मंदिर परिसर में पाँच मंदिर हैं। 'विमलवसहि' आदिनाथ भगवान् को समर्पित है। यहाँ मंदिर के परिक्रमा पथ में, हर तीर्थंकर प्रतिमा के आगे छत पर 125 चौकोर खाने हैं, जिनमें से प्रत्येक की कलाकारी और शिल्प अलग-अलग हैं। कई आकृतियों में भारतीय पौराणिक मिथकों का अद्भुत चित्रण है। लूनवसाहि मंदिर तीर्थंकर नेमिनाथ को समर्पित है, जिसमें देवरानी-जेठानी के दो मोखले बने हुए हैं। इस मंदिर के निर्माता वस्तुपाल-तेजपाल की पत्नियाँ चाहती थीं कि सदियों बाद लोग हमें भी जानें। दोनों ने अपने मायके से पैसा माँगकर दो सुंदर मोखलों का निर्माण कराया, जिनमें मामूली सा अंतर है जिसे पहली नज़र में पहचानना मुश्किल है। यहाँ मौजूद गाइड ने बताया कि इन मंदिरों के

शिखर को जानबूझकर समतल रखा गया है, ताकि प्राचीनकाल में आने वाले आक्रमणकारियों को मंदिरों के बारे में पता ना चले। एक हज़ार वर्ष पुराने ये मंदिर आज भी पूरी तरह सुरक्षित हैं। दिलवाड़ा के जैन मंदिर प्राचीन भारतीय वास्तुकला का एक अनुपम उदाहरण हैं।

माउंट आबू में ही आध्यात्मिक संस्था 'ब्रह्माकुमारीज' का अंतरराष्ट्रीय मुख्यालय है, जहाँ 'राजयोग' का प्रशिक्षण भी दिया जाता है। यहाँ सफ़ेद वस्त्रों में हज़ारों अनुयायी हमेशा मौजूद रहते हैं। इसके अलावा हमने माउंट आबू में प्राकृतिक सुंदरता का भरपूर आनंद लिया। राजस्थान का एकमात्र हिल स्टेशन कहा जाने वाला माउंट आबू पुराने ज़माने से ही राजाओं का इतना प्रिय रहा है कि राजस्थान की ज़्यादातर रियासतों के पैलेस यहाँ मौजूद हैं, जहाँ राजपरिवार के लोग छुट्टियाँ बिताने आते थे। फिलहाल इन सबको होटल में तब्दील कर दिया गया है।

माउंट आबू के शानदार मौसम में तरोताज़ा होकर हमने उदयपुर के लिये प्रस्थान किया। एन.एच. 27 से होकर उदयपुर पहुँचे। रास्ते भर दोनों ओर हरियाली से भरे पहाड़ मन को अजीब सा सुकून दे रहे थे। दोनों ओर बरसात में भीगी दूर-दूर तक फैली हरियाली के बीच लाल-सुनहरी बड़ी-बड़ी चट्टानें बहुत ख़ूबसूरत लगती हैं। हमारे ड्राइवर ने बताया कि सड़क के दोनों ओर दिख रहे हरे भरे पहाड़ गर्मियों में मिट्टी ऊपर आ जाने के कारण पीले रंग के दिखते हैं। जबकि सर्दियों में ये इनका रंग गाढ़ा हो जाता है। उदयपुर शहर से ठीक पहले 'कविता' नाम की भी एक जगह है। रास्ते में हमने रणकपुर के 1,444 स्तंभों वाले जैन मंदिर के दर्शन किये, जो कलाकृति का अद्भुत नमूना है। मंदिर में मौजूद पुजारी ने बताया कि इस मंदिर की ख़ासियत यह है कि इसमें 1444 खंबे होने के बावजूद मुख्य भगवान के दर्शन करते वक़्त कोई भी खंबा बाधा नहीं बनता। फिर चाहे आप मंदिर के किसी भी कोने से दर्शन करें। उन्होंने बताया कि इसकी दूसरी ख़ासियत यह है कि सभी खंबो पर अलग अलग तरह के डिजाइन बनाए गये हैं। अगर आप इन 1444 खंबों की गिनती करने की सोचेंगे, तो कभी गिनती 1444 से कम आएगी तो

कभी ज़्यादा। इसके बाद हमने कुंभलगढ़ का किला भी देखा, जो भारत का सबसे बड़ा किला है। इस किले की सबसे बड़ी ख़ासियत है कि यह पहाड़ियों के बीच कुछ इस तरह से बना हुआ है कि जब तक आप इसके बेहद नज़दीक न पहुँच जायें, तब तक इसके होने का पता ही नहीं लगा सकते। यही वजह थी कि कई बार इस किले पर हमले के लिये आनेवाले आक्रांता दूर से ही वापस लौट जाते थे। शायद अपनी इसी ख़ासियत के चलते यह किला कभी भी दुश्मन के हाथ नहीं आया और हमेशा आज़ाद रहा। किले में शाम को 'लाइट एण्ड साउंड शो' देखकर आप इसकी सारी कहानी जान सकते हैं। हमारे साथ मौजूद गाइड ने बताया कि राणा प्रताप का जन्म इसी किले में हुआ था। राणा कुम्भा द्वारा बनवाये किले के चारों ओर की दीवार चीन की दीवार के बाद सबसे लंबी है और यह इतनी चौड़ी है कि इस पर एक साथ पाँच घोड़े दौड़ सकते हैं। काफ़ी बड़े एरिया में फैले इस किले में सैंकड़ों जैन और हिंदू मंदिर हैं।

झीलों का शहर उदयपुर

इस तरह रास्ते के तमाम आकर्षण देखते हुए आख़िरकार हम उदयपुर पहुँचे। अगले दिन सबसे पहले यहाँ का मशहूर सिटी पैलेस देखने पहुँचे। उदयपुर प्रवास के दौरान मुझे सिटी पैलेस ने बहुत आकर्षित किया। लगभग 1 किलोमीटर लंबा यह महल देश का दूसरा सबसे बड़ा महल है। इसे सन् 1559 में राजा उदयसिंह ने बनवाना शुरू किया और अगले 400 वर्षों तक उनके वंशज इसे पूरा करने में लगे ही रहे। महल के बड़े दरवाज़ों को 'पोल' और छोटे दरवाज़ों को 'ड्योढ़ी' कहा जाता है। गाइड ने एक दिलचस्प बात बताई कि उस समय छोटे दरवाज़े इसलिये लगाये जाते थे, जिससे आक्रांताओं को अंदर आने में दिक्कत होती थी। आज महल के काफ़ी बड़े हिस्से को म्यूजियम में तब्दील करके आम पर्यटकों के लिये खोल दिया गया है। इसके अलावा महल के कुछ हिस्से को होटल में तब्दील कर दिया गया है, तो कुछ हिस्से में राजपरिवार के लोग रहते हैं। सिटी पैलेस के ही किनारे झील में लेक पैलेस भी बना हुआ है, जिसे अब लग्जरी होटल बना दिया गया है। यहाँ पर सिर्फ़ नाव से ही जाया जा सकता है। इसके अलावा हमने 'सहेलियों की बाड़ी' और 'मोती मगरी' भी देखे। सहेलियों की बाड़ी में रानियाँ क्रीड़ा के लिये आती थीं। यहाँ पर पुराने ज़माने का बिना मोटर का फव्वारा सिस्टम लगा हुआ है, जो कि अभी भी लगा हुआ है। वहीं मोती मगरी महाराणा प्रताप को समर्पित स्मारक है, जहाँ पर महाराणा प्रताप की काफ़ी बड़े आकार की मूर्ति लगी हुई है।

उदयपुर प्रवास के दौरान ही हमने राणाओं के आराध्य देव एकलिंगजी के दर्शन किये। कहा जाता है कि राणा वंश के संस्थापक बप्पा रावल ने सर्वप्रथम एकलिंग जी का आशीर्वाद लेकर अपना राज्य उनके सुपुर्द कर दिया था। यही वजह है कि उदयपुर रियासत के राजा एकलिंग जी के दीवान कहलाते हैं। वहीं हमें नाथद्वारा के मशहूर मंदिर के दर्शन करने का सौभाग्य

भी मिला, जहाँ पर भगवान श्रीकृष्ण की बेहद ख़ूबसूरत प्रतिमा मौजूद है। रात को हम प्रसिद्ध जगमंदिर पैलेस में भी गये। पिछोला झील के बीच स्थित जगमंदिर का माहौल और दृश्य अद्भुत है। ख़ासकर रात को लाइटों की रोशनी में यहाँ का दृश्य देखने लायक होता है। यहाँ मैंने 'जल तरंग' वाद्य का वादन पहली बार सुना।

अगली सुबह हम उदयपुर से बाँसवाड़ा के लिये रवाना हुए। रास्ते में सुर्ख हरियाली और दूर-दूर तक दिखते पहाड़। वाह, क्या राइड थी! ख़ूबसूरत रास्तों से गुज़रते हुए बाँसवाड़ा पहुँचे। ज़्यादातर जनजातीय जनसंख्या वाला यह ज़िला काफ़ी दिलचस्प है। यह ज़िला स्वयं में देश के विभिन्न स्थानों के लोगों को समाहित किये हुए है। जब माही बाँध बना था, तब दक्षिण भारत और देश के बाक़ी हिस्सों से आये कई लोग यहीं बस गये थे। मज़े की बात यह है कि यहाँ दोपहिया बाइक की बिक्री बहुत ज़्यादा है। स्थानीय लोग बाइक ख़रीदना बहुत पसंद करते हैं। हम लंच करके माही डैम पहुँचे। यह एक विशाल बाँध है, जिसका जलाशय देश के तमाम बाँध जलाशयों में प्रमुख है। बाँध पर हमने ठीक-ठाक वक़्त बिताया। अब तक किसी बाँध के बारे में पढ़ा या टीवी में देखा ही था, लेकिन किसी बाँध को प्रत्यक्ष देखने का यह मेरा पहला अनुभव था जो काफ़ी दिलचस्प रहा।

अगले दिन बाँसवाड़ा शहर से हम चाचाकोटा की ओर चल दिए। जिस तरह जैसलमेर में रेत के टीले देखे थे, वैसे यहाँ हरियाली के टीले हैं। इतना सुंदर, सचमुच अद्भुत! प्रकृति ने जी भरकर यहाँ अपना नूर लुटाया है। इसे अतिशयोक्ति न समझें। अगर देश में स्विट्जरलैंड का लुत्फ़ उठाना हो, तो बाँसवाड़ा आ जाइए। चाचाकोटा में दूर-दूर तक फैली अरावली की इन ऊँची-नीची घासभूमियों में उन्मुक्त विचरण जीवन का बहुत बड़ा सुख है। फोटोग्राफी के शौकीनों का दिल यहाँ आकर मचल उठेगा। सचमुच 'इनक्रेडिबल इंडिया' के 'म्हारो राजस्थान' में 'जाने या दिख जाये' वाली बात यहाँ बिलकुल सटीक बैठती है। यह एक बेहद शांत व सुरम्य जगह है और कहीं-कहीं घास चरती गायें और बकरियों के सिवा यहाँ कोई नहीं

दिखता। यहाँ आपको लगेगा कि क्या राजस्थान के एक छोटे से ज़िले में इतना ख़ूबसूरत स्थान हो सकता है। लेकिन फिर इसके बारे में लोगों को ज़्यादा जानकारी क्यों नहीं है। चाचाकोटा में हरे भरे टीलों पर हमने काफ़ी वक़्त बिताया।

बाँसवाड़ा से लंच कर हम वाया प्रतापगढ़ और निंबाहेड़ा अपने अगले गंतव्य चितौड़गढ़ के लिये रवाना हुए। स्कूल के दिनों में पढ़ी श्यामनारायण पांडेय की कविता 'थाल सजाकर किसे पूजने, चले प्रात ही मतवाले' याद आ गई थी, जिसमें पीतांबरधारी एक संन्यासी की आँखें तीर्थराज चित्तौड़ के दर्शन को प्यासी थीं। मेवाड़ में मॉनसून इस बार जमकर बरसा। उदयपुर के दो दिन जहाँ रिमझिम बरसात के नाम रहे, वहीं बाँसवाड़ा और चित्तौड़गढ़ में ख़ुशकिस्मती से बारिश थमी थी। चित्तौड़गढ़ में तो पिछले एक महीने में हुई जबरदस्त बारिश से कमोबेश बाढ़ जैसे हालात थे। अब, जब हम चित्तौड़गढ़ पहुँचने वाले थे, तो मौसम खुल चुका था और कुनमुनी धूप मस्ताने लगी थी। अगले दिन सुबह हमने सुबह चित्तौड़गढ़ का किला देखा। यह देश के सबसे बड़े किलों में से एक है। यहाँ प्रसिद्ध विजय स्तंभ और कीर्ति स्तंभ भी हैं। यहाँ सौ से ज़्यादा मंदिर और वाटर बॉडीज हैं। यह एक जीवंत किला है। जैसलमेर के किले की तरह यहाँ भी परिवार रहते हैं। इस किले में हमने रानी पद्मिनी का महल देखा, तो हमें वह स्थान भी दिखाया गया, जहाँ हज़ारों वीरांगनाओं ने जौहर किया था।

चित्तौड़गढ़ से रावतभाटा होते हुए कोटा पहुँचे। कोटा शहर बहुत सुव्यवस्थित है। शहरी सौंदर्य-बोध का यहाँ ध्यान रखा गया है और हर चौराहे को बख़ूबी सजाया गया है। कॉम्पिटीशन की तैयारी करनेवाले बच्चे यहाँ देश भर से ख़ूब आते हैं। इसलिये यहाँ आपको हर गली और सड़क में काफ़ी संख्या में युवक युवतियाँ नज़र आयेंगे। राजस्थान के बड़े शहरों में शुमार कोटा, आईआईटी की तैयारी करने वाले बच्चों के कारण अब फ़िल्मों से लेकर वेब सीरीज तक में काफ़ी दिखने लगा है। जैसे ही हम कोटा से निकले, तो रास्ते में हमारे ट्रैवलर में पंचर हो गया। हमारी पूरी यात्रा का यह पहला

पंचर था। ख़ैर जहाँ हम अटके, वहाँ के लोगों ने हमें चाय-पानी पिलाया। इस तरह का आतिथ्य राजस्थान में आम है।

रात होते होते हम अजमेर पहुँचे। यहाँ का सर्किट हाउस आनासागर झील पर स्थित है। सर्किट हाउस से दिखनेवाले झील का दृश्य अद्भुत है। सुबह-शाम चलनेवाली सुहानी हवा के बीच झील को निहारना शानदार अनुभव है। वहाँ से हम ख्वाज़ा गरीब नवाज़ मुईनुद्दीन चिश्ती की दरगाह भी गये और विश्व-प्रसिद्ध 'पुष्कर मेले' के स्थान यानी पुष्कर भी, जहाँ ब्रह्माजी का इकलौता मंदिर है। दरगाह शरीफ़ का माहौल बड़ा जीवंत और रौनक से भरपूर है। यहाँ अकबर और जहाँगीर द्वारा भेंट की गई दो बड़ी देग (कड़ाहियाँ) भी रखी हैं। बेशुमार भीड़ है यहाँ। पुष्कर का माहौल अपने आप में बेहद शानदार है। यहाँ पर हमेशा भारी संख्या में पर्यटक मौजूद रहते हैं। इसके अलावा यहाँ विदेशी पर्यटकों के भारी संख्या में आने के कारण विदेशी खाना परोसने वाले रेस्तराँ भी काफ़ी संख्या में मौजूद हैं।

पुष्कर में हर गली में इतने मंदिर मौजूद हैं कि अगर आप सारे मंदिरों के दर्शन करने लगें, तो आपको पूरा दिन लग जायेगा। हमने बाज़ार में जाकर पुष्कर के प्रसिद्ध मालपुए का आनंद लिया, तो कुछ सोविनियर की ख़रीदारी भी की।

कुल मिलाकर हमारा राजस्थान का भ्रमण—और वह भी मॉनसून के मौसम में—बेहद दिलचस्प, मस्ती भरा और विस्मयपूर्ण रहा। सचमुच 'राजस्थान-दर्शन' दरअसल किलों-महलों और मंदिरों-तीर्थों के सहारे लोक-संस्कृति और लोक-जीवन की एक विराट परिक्रमा है।